中华精神家园

古迹奇观

千古要塞

南方的著名古代关隘

肖东发 主编　谢登华 编著

中国出版集团

现代出版社

图书在版编目（CIP）数据

千古要塞：南方的著名古代关隘 / 谢登华编著. —
北京：现代出版社，2014.5（2019.1重印）
ISBN 978-7-5143-2334-4

Ⅰ．①千… Ⅱ．①谢… Ⅲ．①关隘－介绍－中国－古
代 Ⅳ．①K928.77

中国版本图书馆CIP数据核字（2014）第056988号

千古要塞：南方的著名古代关隘

主　　编：肖东发
作　　者：谢登华
责任编辑：王敬一
出版发行：现代出版社
通信地址：北京市定安门外安华里504号
邮政编码：100011
电　　话：010-64267325 64245264（传真）
网　　址：www.1980xd.com
电子邮箱：xiandai@cnpitc.com.cn
印　　刷：三河市华晨印务有限公司
开　　本：710mm×1000mm 1/16
印　　张：9.75
版　　次：2015年4月第1版　2021年3月第4次印刷
书　　号：ISBN 978-7-5143-2334-4
定　　价：29.80元

党的十八大报告指出："文化是民族的血脉，是人民的精神家园。全面建成小康社会，实现中华民族伟大复兴，必须推动社会主义文化大发展大繁荣，兴起社会主义文化建设新高潮，提高国家文化软实力，发挥文化引领风尚、教育人民、服务社会、推动发展的作用。"

我国经过改革开放的历程，推进了民族振兴、国家富强、人民幸福的中国梦，推进了伟大复兴的历史进程。文化是立国之根，实现中国梦也是我国文化实现伟大复兴的过程，并最终体现为文化的发展繁荣。习近平指出，博大精深的中国优秀传统文化是我们在世界文化激荡中站稳脚跟的根基。中华文化源远流长，积淀着中华民族最深层的精神追求，代表着中华民族独特的精神标识，为中华民族生生不息、发展壮大提供了丰厚滋养。我们要认识中华文化的独特创造、价值理念、鲜明特色，增强文化自信和价值自信。

如今，我们正处在改革开放攻坚和经济发展的转型时期，面对世界各国形形色色的文化现象，面对各种眼花缭乱的现代传媒，我们要坚持文化自信，古为今用、洋为中用、推陈出新，有鉴别地加以对待，有扬弃地予以继承，传承和升华中华优秀传统文化，发展中国特色社会主义文化，增强国家文化软实力。

浩浩历史长河，熊熊文明薪火，中华文化源远流长，滚滚黄河、滔滔长江，是最直接的源头，这两大文化浪涛经过千百年冲刷洗礼和不断交流、融合以及沉淀，最终形成了求同存异、兼收并蓄的辉煌灿烂的中华文明，也是世界上唯一绵延不绝而从没中断的古老文化，并始终充满了生机与活力。

中华文化曾是东方文化摇篮，也是推动世界文明不断前行的动力之一。早在500年前，中华文化的四大发明催生了欧洲文艺复兴运动和地理大发现。中国四大发明先后传到西方，对于促进西方工业社会的形成和发展，曾起到了重要作用。

中华文化的力量，已经深深熔铸到我们的生命力、创造力和凝聚力中，是我们民族的基因。中华民族的精神，也已深深植根于绵延数千年的优秀文化传统之中，是我们的精神家园。

总之，中华文化博大精深，是中国各族人民五千年来创造、传承下来的物质文明和精神文明的总和，其内容包罗万象，浩若星汉，具有很强的文化纵深，蕴含丰富宝藏。我们要实现中华文化伟大复兴，首先要站在传统文化前沿，薪火相传，一脉相承，弘扬和发展五千年来优秀的、光明的、先进的、科学的、文明的和自豪的文化现象，融合古今中外一切文化精华，构建具有中国特色的现代民族文化，向世界和未来展示中华民族的文化力量、文化价值、文化形态与文化风采。

为此，在有关专家指导下，我们收集整理了大量古今资料和最新研究成果，特别编撰了本套大型书系。主要包括独具特色的语言文字、浩如烟海的文化典籍、名扬世界的科技工艺、异彩纷呈的文学艺术、充满智慧的中国哲学、完备而深刻的伦理道德、古风古韵的建筑遗存、深具内涵的自然名胜、悠久传承的历史文明，还有各具特色又相互交融的地域文化和民族文化等，充分显示了中华民族的厚重文化底蕴和强大民族凝聚力，具有极强的系统性、广博性和规模性。

本套书系的特点是全景展现，纵横捭阖，内容采取讲故事的方式进行叙述，语言通俗，明白晓畅，图文并茂，形象直观，古风古韵，格调高雅，具有很强的可读性、欣赏性、知识性和延伸性，能够让广大读者全面接触和感受中国文化的丰富内涵，增强中华儿女民族自尊心和文化自豪感，并能很好继承和弘扬中国文化，创造未来中国特色的先进民族文化。

2014年4月18日

雄关要塞——河南函谷关

经历过三次变迁的古老关隘　002

历代王朝的易守难攻之地　005

老子在此留下的传说和建筑　016

文人政客留下的诗词歌赋　026

铁血雄关——四川剑门关

044　蜀国大力士开辟剑门蜀道

053　诸葛亮下令修成雄关关楼

063　梁武帝为剑门山寺庙赐名

069　剑门关流传千古的诗篇

迤逦关塞——重庆瞿塘关

古代江关几经演变为瞿塘关　078

以雄中有秀闻名的关隘风光　084

雄关内外风景的古老传说　101

文人墨客吟咏诗篇称赞古关　107

虎踞梅岭——广东梅关

114 秦王为进岭南命人建横浦关

118 唐朝重臣建议开辟梅岭驿道

124 宋代官员派人重建关隘关楼

129 梅岭上的秀丽景色与古迹

143 古关附近有趣的民间故事

河南函谷关

　　函谷关位于河南省灵宝北15千米处的王垛村，距三门峡市区约75千米，地处长安古道，紧靠黄河岸边，因关在峡谷中，深险如函而得名。

　　函谷关扼守崤函咽喉，西接衡岭，东临绝涧，南依秦岭，北濒黄河，地势险要，素有"车不方轨，马不并辔"之称。

　　无论是逐鹿中原，抑或进取关中，函谷关历来都是兵家必争的战略要地，围绕着这座重关名城流传有"紫气东来""老子过关""公孙白马"等历史故事，李白、杜甫等历史名人志士临关吟诗作赋百余篇。

经历过三次变迁的古老关隘

公元前1000年前后，在西周康王时期，康王为了保卫国都镐京的安全，在后来的河南省灵宝市北15千米处的王垛村，距三门峡75千米，地处长安古道，紧靠黄河岸边，修建了一座关隘。

这座关隘西据高原，东临绝涧，南接秦岭，北抵黄河，是我国最早的雄关要塞之一。

■函谷关城楼

■ 函谷关遗址

同时，这座关隘还是东去洛阳、西达长安的咽喉，有"天开函谷壮关中，万谷惊尘向北空"之说，为此，人们为它取名"函谷关"。

函谷关修成后，便有"双峰高耸大河旁，自古函谷一战场"的说法，成为兵家的必争之地。

到春秋战国时期，这座关隘更是发挥着非常重要的作用。在当时，各诸侯国为了据地自保，纷纷在自己的边防要地设立关塞。函谷关在这一大背景下，作用更加显现出来。

函谷关既是秦国固守关中的根基，也是向东扩张的出发地，还是都城咸阳的东大门。因此，当时秦国派重兵把守，可见函谷关对于秦国的重要性。

凭借此关，后来秦国打败了各诸侯国统一了六国，所以，这个函谷关后来又被称为"秦函谷关"。

诸侯国 指历史上秦朝以前分封制下，由中原王朝的最高统治者天子对封地的称呼，也被称为"诸侯列国""列国"；封地的最高统治者被赐予"诸侯"的封号。现代多数情况，"诸侯"和"诸侯国"混淆使用。诸侯名义上需服从王室的政令，向王室朝贡、述职、服役，以及出兵勤王等。

汉武帝时，楼船大将军杨仆是新安县铁门镇南湾人。因平息叛乱有功，被汉武帝封为"关外侯"。

当时，西汉政权的中心在后来的西安，秦函谷关以西被视为京畿之地，其他地方自然也被视作偏远的、不发达的地区。因此，在当时的观念里，人们都不愿做关外人。

于是，杨仆上奏汉武帝，请求以自己的家产作为费用，将位于灵宝市的秦函谷关搬迁到后来的河南省新安县城的东边，这样，封地就全部在"关内"了。

很快，汉武帝接受了杨仆的要求。由杨仆主持，在公元前114年，把函谷关迁建到新安，史称"汉函谷关"，简称"汉关"，而秦函谷关也就叫"秦关"了。

汉函谷关距洛阳市20千米，南靠青龙山，北托邙山，抵黄河，坐西向东，前临涧水，建筑非常壮观。

相传，到三国时，曹操西讨张鲁、马超，为了迅速转运兵马粮草，命许褚在距秦函谷关北几千米的黄河边开凿隧道，筑起关楼，因为这座关楼距秦关不远，人们称它为"新关"，也叫"魏函谷关"。

为此，也就是说，在我国，函谷关一共有三座，它们便是秦函谷关，汉函谷关和魏函谷关。

不过，到后来，函谷关仅保存了汉函谷关和魏函谷关两处遗址。

阅读链接

据史书上记载，211年，曹操西征张鲁、马超，经过弘农，看见函谷关古道崎岖难行，粮草转运困难，便命大将许褚在黄河岸边另辟新道，即当年的"曹操运粮道"。

240年，弘农太守孟康在运粮道的入口处新建关城，号"大崤关"，又名"金陡关"，后来人称"魏函谷关"。在此处，后来成为东达洛阳、西接长安的重要交通干线。

历代王朝的易守难攻之地

在我国古代成型的三座关隘中，尤其以汉函谷关最为有名，此处关隘十分险要，历来被认为是天下险关，这与它独特的地形有关。

在汉语中，"函"本意是指盛物的匣子或套子，引申用来形容幽

■新安县汉代函谷关遗址

■ 新安县汉代函谷
关内景

深、封闭。单从这个函字上人们就可以想象出函谷关的险要。而关于函谷关的险要，史料上这样描述：

> 西据高原，东临绝涧，南接秦岭，北塞黄河……马不并辔，车不方轨，道在深谷，两壁陡峭，树木遮天蔽日。
>
> 关在谷中，深险如函而得名。东自崤山，西至潼津，通名函谷，号称"天险"。

因此，这个狭长而陡峭的环境，造就了函谷关的险要，函谷关的"一夫当关，万夫莫开"之誉也由此而来。

函谷关不仅险要，而且十分重要，它是当时秦国固守关中的根基，是都城咸阳的东大门，也是关中大平原的东面出口。这也是后来汉朝、唐朝定都长安的主要因素。把守函谷关，保卫京师，意义十分重大。也正因为这样，函谷关的地位十分重要。

有了非常重要的战略位置，又占据了天下奇险，这两大因素铸就了函谷关无比辉煌的历史。

函谷关已有2000多年的历史，其间曾有10多次大的战役在这里发生，不少战役可以说影响了历史的进程。作为天下险关，函谷关辉煌的历史主要表现在它的易守难攻上。

函谷关最早的战事是在商朝，也就是在公元前17世纪的时候。当时，周武王伐纣时经过函谷关，那时的函谷关叫"桃林塞"，守塞的官员为武王替天行道之举所感动，将这一天险拱手相让。于是，武王率军出塞与诸侯在孟津召开大会。

两年之后，天下归周，武王又在这里解散军队，遣散战马，刀枪入库，向天下表示太平，不再动兵。但是到了春秋战国时期，函谷关又一次出现刀光剑影、烽火连天。

函谷关之险，不仅仅是关险，主要还是路险。春秋时期，函谷关一带地区属于虢国。虢国当时的国都在上阳。虢国丑是虢国的最后一

新安县汉代函谷关遗址

■ 新安县汉代函谷
关题刻

千古要塞

南方的著名古代关隘

虢国 西周初期的
重要诸侯封国。
周武王灭商后，
周文王的两个弟
弟分别被封为虢
国国君，虢仲封
东虢，虢叔封西
虢。虢国位于陕
西省宝鸡附近，
后随周平王东迁
至河南省陕县东
南，地跨黄河两
岸，河北称为北
虢，河南称为南
虢，实为一国，
于公元前655年被
晋国所灭。

个国君，他依仗优越的地域条
件、雄厚的军事实力、发达的经
济文化，骄横好战，多次侵扰北
部的晋国。

至晋献公时，晋国开始强大
起来，晋献公就起兵反抗虢国。
公元前658年，晋国从虞国借
道，攻占了虢国的下阳，并准备
继续进攻虢国的都城上阳。

上阳和下阳虽然都属于虢
国，但相隔一条黄河。渡口茅津
渡两岸高峰耸立，易守难攻，晋国损失了不少人马、
船只，也没能打过黄河，只好暂时退兵。

晋献公见难以攻克上阳，就派人贿赂游说犬戎部
族从西面攻打虢国。犬戎部族对富饶的中原早已垂涎
三尺，又有了晋国的唆使，更加狂妄，很快集中兵力
浩浩荡荡地向虢国开来。

虢公丑听说犬戎部族西犯，便调集所有精锐，在
函谷关镇稠桑村的旧址桑田布置重兵，全力拒敌。

函谷故道，两边山高林密，殆不见日。虢公丑让
士兵在两面山坡上的树林中埋伏，又派一队精兵快骑
出桑田袭击犬戎的营地，斩杀了很多犬戎兵，点燃了
多处帐篷。

犬戎部族的士兵们慌忙吹起号角，率兵围歼。虢
兵也不恋战，边打边退。犬戎部族士兵不知是计，紧
追不舍。当他们进入函谷故道时，两边山上埋伏的虢

兵立即弓弩齐发，乱箭像雨点般地朝着犬戎部族的士兵们射来。

犬戎部族首领大惊，知道中了埋伏，急忙率队后撤。这时，虢国兵从山上扑杀下来，犬戎兵乱作一团，争相逃命，犬戎主左肩中了一箭，被亲兵护驾着逃回营地。

战国时期，秦国任用法家深入改革，对内建立法规制度，奖励农耕，加强军事，对外实行连横扩张，"远交近攻"，不断强大起来。

公元前325年，秦国已完全据有关中，并在河东占有汾阴、皮氏等前进基地；在河南占有函谷关等重要关塞。

凭借黄河和函谷关天险，秦国进可攻、退可守，形成了并吞天下之势。此时的齐、楚、燕、韩、赵、魏等国感到严重不安，不断策划"合纵"联合抗秦。

公元前318年至公元前241年，接连发生了五次著

犬戎 即猃狁，也称西戎，是我国古代的一个民族，活动于陕、甘一带，猃、岐之间，在甘肃省静宁县威戎立都。犬戎族为游牧民族，当时的犬并不像后来那样完全脱离狼的状态，那时的白犬如狼一般凶猛，族人的图腾为狼，但家中的犬又是家中的一分子，非常尊敬它，故取名为"犬戎"。

■新安县汉代函谷关

名的"合纵攻秦"战役，而函谷关就是这合纵攻秦战役的主战场。

公元前318年，在魏相公孙衍的推动下，魏、赵、韩、燕、楚五国共推楚怀王为纵长，组织联军进攻秦国，发起历史上的第一次合纵攻秦之战。此次战争也被称为"修鱼之战"或者"函谷关之战"。

当时秦国的扩张和张仪的连横策略，严重威胁到东方各国。在齐、楚、燕、赵、韩等国支持下，魏王驱逐张仪，改用公孙衍为相，行"合纵"之策。

次年，在公孙衍的推动下，组织联军进攻秦国。

公孙衍还联络义渠国，由侧背进攻秦国，配合联军。当时，秦国送"文绣千匹，好女百人"给义渠国，以缓其威胁，然后发兵于函谷关迎战。

联军因各有所图，步调不一。楚、燕两国暂时受秦国威胁不大，态度消极。只有魏、赵、韩三国军队与秦军交战。在战争中，秦国开关迎击，获得大胜。联军败退后，向东退至修鱼，就是后来的河南省原阳西南。

同年，义渠国君认为向秦国送厚礼实是暂时策略，秦国强大对己不利，便趁五国攻秦之机，出兵袭击秦国李帛。一支秦军仓促迎战，结果大败于此。

然而，这一战并未影响全局。在公元前317年的时候，秦遣庶长樗里疾率军出函谷关反击韩、赵、魏三国联军，于修鱼大败联军。联军再败退观泽，也就是后来的河南省清丰南。秦军追至观泽再败韩军，俘虏韩将鲮申差。

修鱼之战影响巨大，它使关东诸国大为惊恐，这为秦国以后实现统一霸业奠定了重要的基础。回顾这场战役，秦兵的英勇是一方面，函谷关的险要，也给秦国帮了大忙。

此后，秦国进一步"富国""广地""强兵"，不断向魏、韩、楚、赵等国进攻，将领域逐步扩展至中原。公元前298年，秦攻楚，战于析，大败楚军并占城邑10余座。

当时，齐、韩、魏恐秦继续扩张，对己更为不利，乘秦军久战疲惫，于当年联合攻秦。

经过三年的苦战，联军终于击败秦军，攻入函谷关，迫使秦归还韩之武遂及魏之封陵等地。第二次合纵攻秦之战取得胜利。

公元前287年，齐、赵、魏、韩、燕国联军攻秦。由于五国目的不

函谷关遗址碑刻

■ 函谷关"紫气东来"匾额

千古要塞

南方的著名古代关隘

远交近攻 古代兵法中的三十六计之一，最初是作为外交和军事的策略，是和远方的国家结盟，而与相邻的国家为敌。这样做既可以防止邻国肘腋之变，又使敌国两面受敌，无法与我方抗衡。

蒲阪 后来的山西省永济市，古称"蒲坂"，史称为"舜都"，其地处山西省西南端，它是晋、秦、豫"黄河金三角"的区域中心。

同，各有打算，进至荥阳、成皋，即互相观望，不肯首攻。

秦为破坏五国联盟，主动将之前占领的一些地方分别归还给了魏国和赵国。联军遂撤走。第三次合纵攻秦，未交战即告瓦解。

公元前269年，范雎入秦国，建议秦昭王实行"远交近攻"的战略，以利于巩固占领的土地。秦国遂将打击重点指向最近的韩、魏、赵。秦国大将白起在鄢郢之战中，歼楚军数十万。

在华阳之战中歼魏、赵联军15万。在长平之战中，歼赵军45万；还攻灭西周、东周及义渠，蚕食了大片土地。这促使各国再度联合。

公元前247年，魏、赵、韩、楚、燕国组成联军，由信陵君指挥西向攻秦。秦将蒙骜因腹背受敌，被迫西退。信陵君亲冒矢石，率先冲锋，联军士气大振，紧随追赶，追至河外，也就是函谷关东黄河以南的地区，包围了秦军，双方展开激烈战斗。

后来，秦军败退进入函谷关，紧闭关门，坚守不出。相持月余，联军撤回。第四次合纵攻秦之战获得了胜利。

联军的胜利，并未削弱秦军实力，也未能遏止秦之扩张势头。秦始皇继位后的五年间，占领了魏、韩、赵许多军事要地。切断了燕、赵与魏、韩间联系，并在战略上造成对赵、魏、韩三国侧翼包围态势。

公元前241年，魏国在秦国连续进攻之下，丧失大片土地。此时，魏景湣王感到单凭魏国的力量，难以抵挡秦军。于是，他接受大臣建议，遣人出使赵国，与其结盟，并提出再次合纵，以抗击秦国。

通过外交活动，魏国的提议得到了各国响应。当时，除齐国依附秦国外，赵、韩、魏、楚、燕国组成联军，共推赵将庞煖为帅。

庞煖认为，攻秦之师屡次向西进攻，均在函谷关被阻。函谷关非常难攻，不如绕道蒲阪，南渡河水，迂回至函谷关后，可出其不意。其"河水"指的是黄河。

五国联军分路出蒲阪，进展顺利，一度深入至函谷关内，距秦都

灵宝函谷关殿堂

■ 灵宝函谷关关楼

城咸阳仅三四十千米。但等到了蕞这个地方时，联军与吕不韦所率的秦军相遇了。联军没有集中兵力进行反击秦军，迅即大败而退。第五次合纵攻秦之战失败。

庞煖征秦，也称为蕞之战，这是战国时期最后一次合纵攻秦行动。尽管庞煖富智谋，善纵横，但联军同床异梦，协同不力，终于无功而返。此次战役，秦国又取得了胜利。

在这场战役中，从庞煖绕开函谷关之举，可以清楚地看出函谷关在当时的坚固险要。

不久，秦王嬴政亲政，用李斯"灭诸侯，成帝业""数年之中尽兼天下"的建议，加快了各个击破的步伐，不给各国再次联合行动的机会，各国的合纵战略至此破灭。从此，六国更无法抵御秦国的兼并战略，这对秦国的进一步统一来说，无疑是一件大好事。

合纵历时时间长，战役次数多，伤亡人数也多，而且这些战役又大都发生在函谷关附近。这些战役虽然随着历史的车轮已经远去，但它们却在古老的函谷关留下了深深的历史痕迹。

公元前207年，刘邦按照楚王的提议，率部前去攻打大秦。刘邦深知函谷关是天险，一时难以突破。因此，在洛阳东作战不利的情况下，刘邦果断决定，避开函谷关，出轩辕关，绕道商洛，由武关攻入关中。

就这样，刘邦绕关后，进展非常顺利，很快就灭掉了曾经非常强大的秦军。按照当时楚王项羽的约定，先入关中者可以称王，因此，刘邦的入关使项羽大为恼怒。

公元前206年，项羽率军40万，西进函谷关。得知刘邦已定关中并派兵扼守函谷关，项羽大怒，命黥布强行攻关。黥布攻不下来，一把火烧毁了关城，千古雄关就这样淹没在历史风云当中。

阅读链接

在历史上，函谷关曾经遭到毁坏，汉景帝于公元前153年复置函谷关，下令用"襦"作为出入关卡的凭证。

在公元前140年的时候，汉武帝刘彻诏举贤士。当时济南有一名叫终军的人才华横溢，18岁时就被选为博士弟子，与少年才子贾谊齐名，并称为"终贾"。

一天，终军从济南步行赶往长安，行至函谷关，取出襦作为凭证。关吏验过符后，交还给他，他却弃之而行。关吏看到终军的行为后笑终军无知，对他说："你要是扔掉它，以后要怎么回来呢？"

终军却说："大丈夫过关是为了做大事，怎么会一直用这凡夫俗子用的襦呢？"

后来，终军果然得到了重用，出任南越大使。重过函谷关时，关吏认出了他，说这就是当年弃襦过关的孩子，随从大呼："这是出使南越的大使，不许胡说。"

关吏大惊，忙跪拜送出关门。从此以后，函谷关一带的人教育孩子都说："要长进，学终军""有才能，当终童"。因此，终军弃襦的典故也就流传了下来。

老子在此留下的传说和建筑

　　函谷关在古代时是进入秦国的必经之地，当时，驻守函谷关的关令名叫尹喜。

　　尹喜，字公文，原是周康王朝中的一位贤大夫。他少时好观天文，习占星之术，能知前古而见未来。后来，尹喜辞去了大夫之职，请任了函谷关令。

■灵宝函谷关老子园

■ 函谷关老子圆牌坊

尹喜上任后，在关旁结草为楼，称之为"楼观"，每天在这里观察天象。

有一天夜里，尹喜在楼观上凝视，忽见东方紫云聚集，长达万里，形状犹如飞龙，由东向西滚滚而来，十分惊喜，自言自语说："紫气东来，想必是有圣人将来到此地啊！"

说完，尹喜立刻召见守关兵卒孙景说："传令下去，这几天内将有大圣人路经此关，你们要时刻留意，如果有容貌奇特、服饰不同寻常的人从东面而来要求度关，先不要放行，马上来禀报我。"

同时，尹喜又派人清扫道路，夹道焚香，准备迎接圣人。尹喜自己也天天沐浴，净身等待。

几天以后的一个下午，日已偏西，光华东射，关卒孙景不敢懈怠，仍在关上守望，忽见往来函谷关关塞的行人之中有一辆由青牛拉着的车，这辆牛车牛大

关令 又称"关都尉"，是古代边关职官的名称之一。负责掌守边关，稽查过往行人，是边关的军政主官，兼掌边关军民，以关丞为其副。因关分上、中、下三等，关令品阶也分从八品下、正九品上、从九品下三等。

■ 灵宝函谷关老子雕塑

袍 传统汉服的重要品种之一，分为龙袍、官袍和民袍。龙袍指的是皇帝专用的袍，因袍上绣龙纹而得名。官袍指的是文武官员用作公服、朝服的袍子，以一定颜色或图案表明官位等级。民袍是民间用于日常生活的袍，款式有过摆和短摆、交领和圆领、右衽和左衽、大袖和小袖及半袖等多种变化。

而车小，车板薄而载人重。

牛车上坐着一位白发老翁，脸色红润，精神矍铄，双眉垂鬓，胡须拂膝，身穿一件白袍，道骨仙貌，一看就不是一般人。孙景马上飞奔下关向尹喜禀报。

尹喜听说后非常高兴，迎接在牛车数丈前，跪拜道："关令尹喜叩见圣人！"

这位老翁回答说："我只是个平凡的人，您为什么要这么做呢？"

尹喜说："我早就得到上天的指示，要我迎接圣人，因此几天以来，我一直扫路焚香、沐浴净身，已经在此恭候多日，就是在等待着您啊！"

老翁笑道："您怎么知道老夫是圣人呢？"

尹喜回答说："我自幼就好观天文，略知变化。我在一个高台上观望的时候，看见有浩荡的紫气从东面而来，这是有圣人将从东面来到此地的预兆啊！那团紫气滚滚如龙，长达万里，因此这位圣人绝非是一般的圣贤。而紫气之首有白云缭绕，因此这位圣人必定是白发，是老翁之状。紫气之前有青牛之星相牵，圣人必定是乘青牛拉的车而来的。"

这位老翁对尹喜的回答很满意，就告诉尹喜说："本人姓李，字伯阳，号老聃。"

尹喜听后十分惊喜，这位老翁正是道家学派创始人老子。

老子在函谷关住下后，见尹喜心慈人善，气质纯清，于是融静修、服药、画符之效为一体，取其精华而为尹喜著书，名为《道德经》。

《道德经》写成后，老子对尹喜说："我将要传授给你《道德经》，这本《道德经》分上下两篇，上篇是《道经》，讲的是宇宙万物的根本，含天地变化之机，蕴神鬼应验之秘；下篇是《德经》，讲的是为人处世的方法，包含着人事进退之术，蕴长生久视之道。如果你辛勤钻研的话，肯定会学有所成的！"

说完，老子就离开了。后来，人们为了纪念这件事，就把尹喜眺望的高台称呼为"望气台"，又叫"瞻紫楼"。这也是成语"紫气东来"的来历。

■灵宝函谷关古道

■灵符函谷关关楼

唐代大诗人杜甫《秋兰》诗中写道：

西望瑶池降王母，
东来紫气满函关。

在后来的函谷关内，还有当年亲耳聆听过老子教诲的函谷关关令尹喜的寓所，这座寓所位于望气台偏西，遗址面积有10000多平方米。内有春秋战国时代各种建筑瓦、砖，地表下有庭院遗址。

据说，到731年，唐代的陈王府参军田同秀进言唐玄宗皇帝说，天降的灵符到了函谷尹喜故宅。唐玄宗马上派人前去挖掘，果然掘得了一个灵符。

唐玄宗非常高兴，认为这是老子对他的恩赐，就将年号"开元"改为"天宝"，函谷关所在的桃林县也被改为灵宝县。后来，尹喜曾经住过的这座寓所也就被人们称为"灵符遗址"。

在函谷关右侧，就是被称作道家之源的太初宫。所谓太初，在道教中指天地最初形成的元气或最初形成的状态。据说，太初宫是为了纪念老子当年在函谷关著作《道德经》而修建的。

这座太初宫一直保存到后来，整座建筑为殿宇式古典建筑。殿脊和山墙檐边上塑有麒麟、狮、虎、

灵符 在道教中被认为具有神力的符咒的一种除魔降妖、祈愿祝福的工具。灵符的类别繁多，大致可分为祈福开运符、镇宅符、护身平安符、催财符、情缘符、姻缘符、人缘符、化然符、解降符、斩鬼符、安胎符、止痛符等，使用方法有烧、贴、藏、带、洗、食等。

鸡、狗等珍禽异兽，神形兼备。殿顶飞梁纵横，橡檩参差，虽然层架复杂，但却成规矩，殿宇宽阔，中无撑柱。

太初宫主殿供奉的是老子。老子的塑像皓首长髯，神采奕奕，正在聚精会神地著书。老子两侧分立着书童徐甲和函谷关关令尹喜。

太初宫里有两通石碑，一通立于1300年，另一通立于1643年至1661年期间。这两通石碑上都记载着老子骑着青牛过函谷关的故事。

太初宫的西厢房北侧有一块灵石，传说老子曾在石上著过经。灵石上下平滑，由八条白石英条平行线切割为九层。

太初宫主殿左侧是鸡鸣台。这个台的称呼来源于一个叫"鸡鸣狗盗"的典故。

那是春秋战国时期，有四个人被称作"战国四君子"，他们分别是齐国的孟尝君、魏国的信陵君、赵

老子 李耳，字聃，老子是对他的敬称。老子是古代伟大的哲学家和思想家、道家学派创始人，他的思想主张是"无为"。老子的哲学思想和由他创立的道家学派，不但对我国古代思想文化的发展做出了重要贡献，而且对我国2000多年来思想文化的发展产生了深远影响。

■灵宝函谷关太初宫

■ 灵宝函谷关老子园石雕

丞相 也叫"宰相"，是古代皇帝之下的最高行政长官，负责典领百官，辅佐皇帝治理国政。丞相有权任用官吏，或是向皇帝荐举人才。除此之外，丞相主管律、令及有关刑狱事务，还要负责国家军事或边防。全国的计籍和各种图籍等档案也都归丞相府保存。

国的平原君和楚国的春申君。

在这"四君子"中，尤其以孟尝君的名气最大。据说投在他门下的食客有3000多人。由于孟尝君好客喜贤的名声传遍了列国，于是，秦昭王就请孟尝君到秦国来。

孟尝君带着他的食客们到秦国后，献给了秦昭王一件天下无双的狐白裘。狐白裘是用狐腋白毛的部分制成的皮衣，非常珍贵，因此秦昭王十分高兴，要求孟尝君必须留下，为自己当丞相。

孟尝君不敢得罪秦昭王，只好留了下来。不久，秦国的大臣们劝秦昭王说："留下孟尝君对秦国是不利的，他出身王族，在齐国有封地，有家人，怎么会真心为秦国效力呢？"

秦昭王觉得有理，便改变了主意，把孟尝君和他的手下人软禁起来了。

孟尝君知道自己有危险之后，他打听到秦王有个最宠爱的妃子叫燕姬，于是就派人去向她求助。

燕姬答应帮助孟尝君求情，但条件是用狐白裘作为报酬。可是狐白裘是世间独一无二的，唯一的一件已经献给了秦昭王，这让孟尝君非常为难。

正在大家焦急之时，孟尝君的一个门客表示，能够将白狐裘从王宫里弄出来。

这天夜里，那个门客装扮成狗，从狗洞里爬进王宫，找到库房大门，学狗叫欺骗看守，盗出了狐白裘，献给了燕姬。燕姬非常高兴，乘着夜宴之际，劝说秦王放了孟尝君。

孟尝君得到过关文书后，立即带领门客起程。赶到函谷关时，正是夜半时分。按照秦国当时的法律，日落闭关，鸡鸣开关。

孟尝君怕秦王反悔派追兵赶来，急得如热锅上的蚂蚁。这时，一位擅长口技的门客跑到函谷关附近的山丘上，学起了鸡叫，由于声音真切响亮，引得关内

023

雄关要塞

河南函谷关

■灵宝函谷关石雕

■ 灵宝函谷关古道

外雄鸡都叫了起来。

关吏听到鸡叫，以为天亮了，糊里糊涂开了关门，验了文书，放孟尝君一行出了函谷关。后来，秦昭王果然后悔了，但等追兵到函谷关的时候，孟尝君他们早就走远了。

后来，鸡鸣台这里就成了后人流传孟尝君鸡鸣过关之地。这个故事也是成语"鸡鸣狗盗"的来历。

由于孟尝君名叫田文，因此鸡鸣台又叫"田文台"。很多人认为鸡鸣台预兆着命运能像孟尝君一样化险为夷，吉祥如意。

当然，在函谷关，除了和老子有关的种种建筑之外，还有函谷碑林、函谷关古道和一座兵器仓库等，这些也是函谷关的经典建筑。

其中，函谷碑林占地面积4000平方来，有石碑62通，其中有三通较珍贵的碑刻，一通为明代吏部尚书许天官夫人的墓志；一通为杨仲嗣的墓志；一通为灵宝金矿石地震碑。此外还有从灵宝各地收集来的古碑等。

函谷关古道东起弘农河西岸的函谷东门，横穿关城向西至西桑田，全长7.5千米。谷深数十米，谷底有蜿蜒的函谷关古道。

函谷关东门位于函谷关古道东端，东城墙的中部，依弘农河而筑，南北长60米，东西宽50米，坐西向东，控制着入关的要道。东门楼为双门楼悬山式三层建筑，楼顶各饰丹凤一只，寓意着丹凤朝阳，所以又叫"丹凤楼"。

在函谷关东城门右侧城墙内，有一个直径0.9米的竖井窑穴式兵器仓库，是战国时守关官吏储藏兵器的箭库。兵器仓库内有铜质箭头，铁质箭杆，有箭约两立方米。

阅读链接

据说当年老子骑着青牛出了函谷关，和他的书童徐甲一同往西而去。

这一天，老子和书童走到亚武山下时，决定休息一会再出发，徐甲就把牛赶到一边吃草去了。

当时的亚武山有位一心想修仙养道的玄武，当他听说老子要西行讲学时，就每天在亚武山耐心等候，希望老子为他讲讲道学。

因此，当玄武在山上望见休息的老子时，心中十分高兴，他悄悄把青牛藏在了树丛里，然后邀请老子一起上亚武山修行去了。

玄武藏起来的青牛被亚武山下一个年轻人发现了。他见这头牛闲着，就让这牛耕起地来。但这青牛力大无比，行走如飞，不久就把函谷关附近黄河、渭河一带的地全耕完了。

当它正向亚武山回耕的时候，犁尖一下子被华山挂住了，青牛奋力一拉，犁绳被拉断了，牛卧下也再爬不起来了。

后来就化作了一座大岭，在函谷关附近万回村的玉溪涧西边，人称"牛头岭"。

文人政客留下的诗词歌赋

　　函谷关自从修成后，吸引了众多的文人政客前来观赏，并为此关隘留下了众多的诗词歌赋。这些描写函谷关的诗词，可以划分为写函谷关、写鸡鸣台、写老子等几个部分。

　　总的来说，这些诗词歌赋或歌颂函谷关的雄伟，或缅怀函谷关的

■灵宝函谷关碑刻

■灵宝函谷关香炉

历史，或通过发生在函谷关的战役来感叹人生。提起函谷关的诗词，首先要讲一位擅长写塞外诗的岑参。

在唐朝时，由于当时的社会正是人们安居乐业，一派兴盛的好时代，岑参看到空荡寂寞的函谷关，认为国家既然已多年没有战火之忧，就不再需要这个军事要塞了。

在一首名为《函谷关歌送刘评事使关西》的诗中，岑参这样写道：

> 君不见古函谷关，崩城败壁至今在。
> 树根草蔓遮古道，空谷千年长不改。
> 寂寞无人空旧山，圣朝无事不须关。
> 白马公孙何处去，青牛老人竟不还。

身处太平盛世，像岑参那样认为函谷关已经荒废无用的诗人还有很多。

赋 古代以"铺采摛文，体物写志"为手段，以"颂美"和"讽喻"为目的的一种有韵文体，起于战国，盛于两汉。赋是由楚辞衍化出来的，多用铺陈叙事的手法，而且必须要押韵，这是赋区别于其他文体的一个主要特征。此外，赋是用来描绘客观事物的，所以风格要爽朗而通畅。

唐代的张九龄也在《经函谷关》中写道：

函谷虽云险，黄河已复清。
圣心无所隔，空此置关城。

从张九龄的这首诗里能够看出，在盛唐时期，因为国力强盛，作为军事要塞的函谷关，实际上是不需要发挥其作用的。因此诗人在最后发出"空此置关城"的感叹。

在武则天执政年间，曾经做过洛阳县尉的杨齐哲流传下来一首诗，名叫《过函谷关》。诗中写道：

地险峭函北，途经分陕东。
逶迤众山尽，荒凉古塞空。
河光流晓日，树影散朝风。
圣德今无外，何处是关中。

■灵宝函谷关藏经阁

灵宝函谷关内的建筑

唐代的另一位大诗人宋之问，也不吝惜自己的笔墨，对函谷关进行了描写。在《全唐诗》中就收录了三首有关函谷关的诗，其中《过函谷关》写道：

> 二百四十载，海内何纷纷。
>
> 六国兵同合，七雄势未分。
>
> 纵成拒秦帝，策决问苏君。
>
> 鸡鸣将狗盗，论德不论勋。

《送永昌萧赞府》写道：

> 柳变曲江头，送君函谷游。
>
> 弄琴宽别意，酌醴醉春愁。
>
> 恋本亦何极，赠言微所求。
>
> 莫令金谷水，不入故园流。

宋之问之所以写出多首描写函谷关的诗，这和他

《全唐诗》 清朝初年编修的汇集唐代诗歌的总集，全书共900卷。《全唐诗》共收录唐代诗人2529人的诗作42863首，是我国规模最大的一部诗歌总集。

张九龄（678—740），唐开元尚书丞相。长安年间进士。官至中书侍郎同中书门下平章事。他是一位有胆识的政治家、文学家、诗人、名相。他的五言古诗，以素练质朴的语言，寄托深远的人生慨望，对扫除唐初所沿习的六朝绮靡诗风，贡献尤大。誉为"岭南第一人"。

组诗 组诗是古代文体的一种，指由表现同一主题的若干首诗所组成的一组诗。并且每首诗相对完整和独立，但是每首诗与其他诗之间又有内在的感情联系，每首诗和组诗内的其他诗都成排比列式，格式相同或相近。

的出生地有关。据考证，宋之问的故乡是虢州弘农，也就是后来的河南灵宝，这里也正是函谷关的所在地。水是家园甜，月是故乡明，世人皆爱家乡，此乃人间常情。

盛唐时期，在文人墨客笔下，函谷关是美好的。然而，诗人的这种想法很快就被一场战争打破了。

安禄山造反。在这场战争过后，诗仙李白曾经写过两首提到函谷关的诗，分别是组诗《奔亡道中》和《秦王扫六合》。

《奔亡道中》其三写道：

谈笑三军却，交游七贵疏。

仍留一支箭，未射鲁连书。

■灵宝函谷关关楼

漫山梅花

《奔亡道中》其四写道：

> 函谷如玉关，几时可生还？
> 洛阳为易水，嵩岳是燕山。
> 俗变羌胡语，人多沙塞颜。
> 申包惟恸哭，七日鬓毛斑。

当时，李白像当年被困匈奴的苏武和被困海岛的田横一样，也被困在沦陷区内。他与妻子不得不换上胡人的衣装，趁着茫茫的月色，冒着生命危险奔赴长安。

李白奔走的方向与众多逃亡人的方向恰恰相反，这是因为，虽然他自己所面临的情势万分危急，但李白依然希望自己能够尽快到达长安，觐见唐玄宗，献上自己的灭敌大计。

组诗的第三首中的"仍留一支箭，未射鲁连书"，指的是战国时期的一个典故。

■灵宝函谷关关楼

公元前284年，燕将乐毅率五国联军横扫齐国，半年内攻下70多座城池，除了莒和即墨两城外，齐国广大地区惨遭沦陷。

五年后，即墨城的守将田单率军民众志成城，顽强抵抗，以火牛阵大败燕军，并乘势以摧枯拉朽之势进行了战略大反攻，"所过城邑皆畔燕而归田单"。

就在齐国的复国形势一片大好的时候，距离齐国名士鲁仲连居住地不远的狄邑成了田单的难题。

因为在攻打狄邑之前，鲁仲连就曾经断言过，田单短期内绝对攻不下狄邑。结果，正如鲁仲连所言，田单攻打狄邑城长达三个月都没有打下来。

田单既苦恼又奇怪，就去向鲁仲连请教。

鲁仲连直言相告田单，过去在即墨时的田单是"将军有死之心，而士卒无生之气"，军队上下一心，同仇敌忾，而后来的田单因为作战有功，随着地位、境遇的变化而养尊处优，"有生之乐，无死之心"，不再身先士卒，不再不怕牺牲了，所以小小狄邑就成了久攻不下的大难题。

田单听了鲁仲连切中要害的分析后，恍然大悟，回去后亲临战阵，挥旗擂鼓，一举就攻克了狄城。过了不久，田单势如破竹，一直打到了鲁仲连的故乡聊城城下。但是由于燕国大将负隅顽抗，垂死挣扎，田单攻城很不顺利。

正在田单再次一筹莫展的时候，鲁仲连又来了。足智多谋，善于体察人心的鲁仲连精通势数，对当时齐燕两国的局势和燕将的性格、心理分析透彻，把握准确，所以鲁仲连提笔给燕国大将写了一封信，用箭射到城里，以"攻心为上"，"擒贼先擒王"的战术向燕国将士发起进攻。

在这封信中，鲁仲连先是结合齐燕两国的局势，谆谆告诫燕将死守孤城并非忠勇之举，又站在燕将的角度上，分析了归燕、降齐的不同好处，最后又用曹沫和管仲的例子指出"行小节，死小耻"是不明智的做法，劝诱燕将以"小节"而成"终身之名"，以"小耻"而立"累世之功"，放弃聊城。

结果，鲁仲连说到心坎里的一番话令燕将心服口服，羞愧地罢兵而去。就这样，鲁仲连用语言攻下了聊城，一箭书退敌百万兵，创造了古代军事史和论辩史上的奇迹。

李白将自己比作鲁仲连，认为自己尚有救国良策，希望能够为唐玄宗所用。但遗憾的是，还没等李白到达长安，当时的战争形势已经发生了急剧的转变。

灵宝函谷关关楼

徐芾 即徐福，秦朝的著名方士，博学多才，通晓医学、天文、航海等知识，而且同情百姓，乐于助人，故在沿海一带民众中名望颇高。徐福是鬼谷子先生的关门弟子，学辟谷，兼通武术。他出山的时候，是秦始皇登基前后，李斯的时代。后来被秦始皇派遣，出海采仙药，一去不返。

从第四首组诗来看，李白的立足点在函谷关内，诗的意思是，函谷关以东的地区都被安史乱军占领，所以洛阳之水、嵩山如同边疆的易水、燕山。自己本想效法申包胥痛哭秦庭，劝说唐玄宗抗击叛军，可是此时函谷关以东尽为敌军所得，形势万分危急。

因此，李白不得不从华山经商洛大道转道江南，又经溧阳、杭州、金陵，隐居庐山屏风迭，静观形势的变化。从诗中可以看出李白之所以跟从永王，是因为想效法申包胥恸哭乞师，以救国家之难。

李白在《秦王扫六合》中写道：

秦王扫六合，虎视何雄哉！

挥剑决浮云，诸侯尽西来。

■ 灵宝函谷关建筑

明断自天启，大略驾群才。

收兵铸金人，函谷正东开。

铭功会稽岭，骋望琅琊台。

刑徒七十万，起土骊山隈。

尚采不死药，茫然使心哀。

连弩射海鱼，长鲸正崔嵬。

额鼻像五岳，扬波喷云雷。

鬐鬣蔽青天，何由睹蓬莱？

徐市载秦女，楼船几时回？

但见三泉下，金棺葬寒灰。

■ 李白塑像

秦王嬴政以虎视龙卷之威势，扫荡、统一了战乱的中原六国。天子之剑一挥舞，漫天浮云消逝，各国的富贵诸侯尽数迁徙到咸阳。真是所谓大命天与，宏图大略驾驭群雄啊！

天下兵器被铸为12金人，函谷关的大门向东面大开，国内太平。会稽岭刻石记下丰功伟绩，驰骋琅琊台，瞭望大海，仙岛蓬莱又在何处呢？

用了70万刑徒在骊山下修建陵墓，盼望着神仙赐长生不老之药来，派大海船入海，用连发的弓箭射杀山一样大的鲸鱼，是为了清除妖怪。

哦，那鲸鱼多么大啊，额头就有山丘大，呼吸时扬起的波浪势如云声如雷。鱼刺一张开，青天看不见，有他们在海里，怎能到蓬莱？

徐市用楼船载3000童男童女去寻仙药，从此没有

仙岛蓬莱 蓬莱山，又称"蓬莱""蓬山""蓬丘"或"蓬壶"，是传说中渤海的三座神山之一，自古便是秦始皇、汉武帝求仙访药之处。相传蓬莱岛是神仙居住的地方，岛上的东西都是白色的，宫阙由黄金白银建成，树上结满珍珠，树上的果实食用后能令人长生不老。

回来！看看骊山脚下的深土里，金棺盛的只是秦始皇冰冷的骨灰。

与李白的沉痛和豪壮比起来，唐代诗人韦应物笔下的函谷关更多的是对它的歌颂和感叹。韦应物在《经函谷关》中写道：

> 洪河绝山根，单轨出其侧。
>
> 万古为要枢，往来何时急。
>
> 秦皇既恃险，海内被吞食。
>
> 及嗣同覆颠，咽喉莫能塞。
>
> 炎灵讵西驾，娄子非经国。
>
> 徒欲扼诸侯，不知恢至德。
>
> 圣朝及天宝，豺虎起东北。
>
> 下沉战死魂，上结穷冤色。

■ 灵宝函谷关建筑

古今虽共守，成败良可识。

藩屏无俊贤，金汤独何力。

驰车一登眺，感慨中自恻。

■ 灵宝函谷关老子园

在这首诗的前几句，韦应物写到，函谷关是千百年以来的主要枢纽之地，又是固若金汤的军事要塞，秦国凭借它，实现了一统天下的伟业。在以后的历史中，函谷关也是作为要塞，受到格外的重视。

但是，无论多么坚固的军事要塞终究也是会被攻破的，诗人韦应物也深深地认识到了这一点。在这首诗的后面几句，韦应物发出了"藩屏无俊贤，金汤独何力"的感叹。

而诗的最后一句"驰车一登眺，感慨中自恻"，更是把自从安史之乱后，诗人对雄关依旧，盛唐不再的沧桑心情抒发了出来。

白居易所处的时代，大唐已经雄风不再，在白居

白居易（772—846），字乐天，晚年又号香山居士，河南新郑人，唐代伟大的现实主义诗人。他的诗歌题材广泛，形式多样，语言平易通俗，有"诗魔"和"诗王"之称。官至翰林学士、左赞善大夫。有《白氏长庆集》传世，代表诗作有《长恨歌》《卖炭翁》《琵琶行》等。

易眼里，此时的函谷关显得更加苍凉。

他在《出关路》中写道：

> 山川函谷路，尘土游子颜。
>
> 萧条去国意，秋风生故函。

唐朝后期的另一著名诗人于邺，也曾经经过函谷关。他在一首名为《春过函谷关》的诗中写道：

> 几度做游客，客行长苦辛。
>
> 愁看函谷路，老尽布衣人。
>
> 岁远关犹固，时移草亦春。
>
> 何当名利息，遣此绝征轮。

也许是诗人的性格和人生经历所致，也许是诗人所处的社会环境变坏，人们更多的是考虑个人生活。因此，在于邺的诗中，诗人不再

■灵宝函谷关关楼

■灵宝函谷关太初圣宫

像张九龄、宋之问、李白那样思考雄关与国家的命运，考虑得更多的是个人的人生问题，感叹时光流逝，人生易老。

函谷关伫立千年，但每个人的生命却只有匆匆几十年。在这首诗里，诗人抒发了对时间、对人生的思索，一句"愁看函谷路，老尽布衣人。"更是表达了这一主题。

关于函谷关的诗作还有很多，在这些诗中，不管是歌颂它的雄伟，还是借用函谷关感叹时事艰难，通过这些诗都能感受到函谷关在我国古代历史上的重要影响。

函谷关因为曾经发生过孟尝君借用"鸡鸣狗盗"的门客出关的故事，千百年来，围绕这个典故，历代文人墨客和政治家都留下了很多诗篇。

对于孟尝君靠鸡鸣狗盗之士过函谷关一事，自古以来就有许多争议。有人认为孟尝君胸怀宽广，能够包容天下各种能人异士，并因此取得成功。

也有人认为，孟尝君不能革新吏治，变法图强，而却只以旁门左道取胜，只能算是耍耍小聪明，根本不值得为人称颂。

比如作为北宋政治家和文学家的王安石，他在我国历史上的第一篇驳论文《读孟尝君传》中写道：

> 世皆称孟尝君能得士，士以故归之，而卒赖其力以脱于虎豹之秦。
>
> 嗟乎！孟尝君特鸡鸣狗盗之雄耳，岂足以言得士？不然，擅齐之强，得一士焉，宜可以南面而制秦，尚何取鸡鸣狗盗之力哉？夫鸡鸣狗盗之出其门，此士之所以不至也。

在这篇驳论文里，同样作为政治家的王安石指出，孟尝君并非是可以治国安邦的将士之人，只不过是鸡鸣狗盗之雄而已。

而正是因为孟尝君门下尽是只会雕虫小技的人，所以贤明之士是不会去投靠他的。这是古代政治家们对于评判人才的标准的争议。

王安石笔下，显然是对孟尝君十足的不屑。但是，和王安石不同，

千古要塞 南方的著名古代关隘

灵宝函谷关老子园

■ 道教的"道家之源"匾额

历代文人墨客，甚至是君主，大多数都对孟尝君的行为十分赞赏。

以《咏史诗》著称的唐代诗人胡曾，也曾经写过一首七绝《函谷关》，诗中写道：

寂寂函关锁未开，田文车马出秦来。

朱门不养三千客，谁为鸡鸣得放回？

在胡曾的这首《函谷关》里，能够看到，诗人对孟尝君是赞赏的。一句"朱门不养三千客，谁为鸡鸣得放回？"清楚地表达了诗人的这一观点。

明代贺贲在《函谷关》里，描写"鸡鸣狗盗"的故事，他写道：

函谷关前一径通，行人多少自西东。

当年秦法严如火，夜半狐裘入禁宫。

不管文人如何评价孟尝君的"鸡鸣狗盗"逃关之事，但函谷关因这个典故名声更大了，并留下了鸡鸣台这一古迹名胜，同时也留下了许多有关典故的优秀诗篇。

道家之源是函谷关文化一个非常重要的组成部分，关于老子的诗词也有很多。此外，当年驻守在函谷关的关令尹喜看到紫气而发现老子到来的"紫气东来"典故，更是千百年来文人墨客感兴趣的话题。

作为千古雄关，函谷关的诗词实在是太多了。不管这些诗词是关注函谷关的哪一个特征，不管它的观点如何，但有一点是可以肯定的，那就是这些诗词已经成为函谷关文化的一部分，它们将和函谷关一起，流传下去。

千古要塞

南方的著名古代关隘

阅读链接

在函谷关一带有一个独特的民俗，叫作百佛顶灯。关于这个习俗的由来，民间还有一个传说。

据说在公元67年，有一位高僧奉旨到京都洛阳讲经，途径函谷关附近的陕州时，各庙住持、方丈闻讯后跪道迎接。高僧见盛情难却，便小住一日，设台讲经。因其学问渊博，道行精深，而且广引宏论，使听者如痴如醉，一连三日皆不食不睡。

当时，京都复旨催促，众人才知误了大事，连夜送高僧入京。时值正月，各庙僧众百余人，手持灯笼送别高僧。

佛庙有一规矩，即见俗人便双手合十，口称"阿弥陀佛"。可众僧手提灯笼，无法还礼。

正在为难的时候，有个和尚灵机一动，从灯笼中取出灯碗来，放在头上顶着，这样既能照明又能腾出手来，高僧便口颂"善哉、善哉"，于是众人都效仿他。

后来，每逢正月，陕州城的众僧便头顶灯碗在城内讲经，光大佛门。久而久之，顶灯便在函谷关一带流传下来。

四川剑门关

　　剑门关位于四川广元的剑门山。剑门山脉东西横亘百余千米，东南延伸绵延数百里，72峰绵延起伏，高入云霄，形若利剑，素有"剑门天下雄"之说。

　　剑门关所处之地，群峰突兀，山涛云海。地势西北高东南低，以低山地貌为主，山岭密布，沟壑交错，峻岭横空。

　　剑门山以天险形胜之地构成川北屏障，关隘险绝。所谓"蜀道之难难于上青天"，"畏途巉岩不可攀"即指此地。

蜀国大力士开辟剑门蜀道

早在公元前11世纪，四川境内就有了巴国和蜀国两个较大的国家。当时，巴控制川东南，蜀国盘踞川西北。

公元前1037年，巴、蜀班师回国。巴军越过巴山，蜀军取道地处

■剑门关牌坊

四川盆地北部边缘，古称梁山，由大、小剑山组成的剑门山下的古道。在这条古道上，有一座著名的关隘剑门。

剑门山为剑门山脉西南段，其山峻岭横空，危崖高耸，从东北向西南蜿蜒伸展，长达百余里，气势磅礴。主峰大剑山，峰如剑插，石壁横亘，森若城郭，峭壁中断，两崖对峙，一线中通，形似大门，所以叫"剑门"。

■ 剑门关

因为蜀军从此地过，从此，剑门就成了中原与蜀国的重要交通孔道之一，也成为蜀国防御的要塞了。

战国后期，秦国的秦惠王对巴、蜀的富饶物产垂涎已久，但唯恐蜀国有剑门之险，巴国有江河之阻，道路崎岖，运输艰难，征伐很不容易。由此，引出了一段"石牛粪金，五丁开道"的传说。

根据宋代类书《太平御览·蜀王本纪》的记载：

秦惠王时，蜀王不降秦，秦亦无道出于蜀。蜀王从万余人东猎褒谷，卒见秦惠王。惠王以金一笥遗蜀王，蜀王报以礼物，物尽化为土。

秦王大怒，臣下皆再拜稽首，贺曰：土

战国 是指公元前475年至公元前221年这段时期，是古代重要的历史时期之一，处于东周末期。战国承春秋乱世，启帝秦发端，中续百家争鸣的文化潮流，中原经济技术的新发展与各国相继图强而展开的举国变法，名士的纵横捭阖，宿将的战场争锋，涌现出了大量为后世传诵的典故。

■剑门关

者地也，秦当得蜀矣。秦王恐亡相见处，乃刻五石牛，置金其后，蜀人见之，以为牛能大便金。

蜀王以为然，即发卒千人，领五丁力士拖牛，成道，置三枚于成都，秦道乃得通，石牛之力也。

古代地方志著作《华阳国志·蜀志》记载的传说里讲：

周显王之世，蜀王有褒汉之地。因猎谷中，与秦惠王遇。惠王以金一笥遗蜀王。王报珍玩之物，物化为土。

惠王怒。

群臣贺曰："天承我矣！王将得蜀土地。"

《华阳国志》

又名《华阳国记》，是一部专门记述我国古代西南地区地方历史、地理、人物等的地方志著作，由东晋的常璩撰写。《华阳国记》全书共12卷，约11万字，记录了从远古至东晋永和三年巴蜀的史事，记录了这些地方的出产和历史人物，是我国现存最早的地方志之一。

惠王喜。

乃作石牛五头，朝泻金其后，曰："牛便金"。

有养卒百人。蜀王悦之，使请石牛，惠王许之。

蜀遣五丁迎石牛。既不便金，怒遣还之。乃嘲秦人曰："东方牧犊儿。"

秦人笑之，曰："吾虽牧犊，当得蜀也。"

　　两本古籍的用词虽然不同，但记载的传说内容却都是一样的。战国中后期，秦惠王想让物产丰富的蜀国做秦国的附属国，但是秦国到蜀国之间的道路被千万重大山阻隔，根本没有道路可以通行。同时，蜀国也丝毫没有想归属秦国的意思。

　　有一天，蜀王带着万名随从正在褒谷，也就是秦岭山脉中的一条山谷里狩猎，却很偶然地和秦惠王相遇了。为了表示礼节，两国的国君互赠了礼物。秦惠王赠给蜀王的是金一笥，蜀王也回赠了礼物，但是那个礼物很快就化成了一堆土。

剑门关关楼

秦惠王很生气，认为蜀王是在故意羞辱他。但是秦惠王的大臣们却都很高兴，纷纷跪下向秦惠王贺喜，并说："蜀王送给您的礼物化成了尘土，土正是代表着土地呀。看来这是上天在预示大王，很快就能得到蜀国的土地了。"

秦惠王在高兴之余心生一计，他知道蜀国人崇信鬼神，于是就让人凿刻了五头巨大的石牛，每头牛还安排了专门的人假装每日饲养，最后又在石牛的尾下放置黄金。

这一切都安排好之后，秦惠王找人告诉蜀王说，自己有五头神牛，拉出的大便是金子。蜀王听说之后很高兴，就向秦惠王要那五头神牛。秦惠王马上答应了，但要求蜀王自己派人来取。

蜀王大喜，便派了蜀国中五个有移山倒海之力的著名大力士开山辟路，穿越巴山沟通秦蜀，一路将石牛拖回了蜀国的成都。

得到了五头石牛之后，却发现这五头石牛根本不能大便出金子，就气愤地派人把石牛送回了秦国。

送回石牛的蜀国人讥讽前去迎接的秦国人说："你们这帮秦国人也只能放放牛罢了。"

但秦国人却不急不恼地笑着说："就算我只能放放牛吧，反正你们蜀国马上就是我们秦王的了。"

后来，正是因为蜀国的五名大力士辛苦开出的道路，秦国和蜀国之间的山势隔阂被打通了，因此秦国的兵马畅通无阻地包围了蜀国，很快就把蜀国占领了。

这就是"石牛粪金，五丁开道"的传说，而那条五名壮士拖送石牛的道路就是古金牛道，也是剑门蜀道的最初来历。

这段传说引得很多文人墨客为金牛道留下了诗篇，唐代诗仙李白在《上皇西巡南京歌十首·其八》里面写道：

秦开蜀道置金牛，汉水元通星汉流。
天子一行遗圣迹，锦城长作帝王州。

剑门关远景

■剑门关石刻

南宋时期的诗人陆游在《金牛道中遇寒食》诗中写道：

乍换春衫一倍轻，
况逢寒食十分晴。
莺穿驿树惺憁语，
马过溪桥蹀躞行。
画柱彩绳喧笑乐，
艳妆丽服角鲜明。
谁知此日金牛道，
非复当时铁马声。

当然，金牛道的开凿不是一朝一夕所能完成的，这条道路在"五丁"未开之前就已经有了，并非是蜀国人为运送金牛而开。

据《华阳国志·蜀志》等史书的记载，蜀国早在周代的时候就已经开凿这条金牛道了，到了秦朝的时候，蜀国人又进行了大规模的扩修。传说中所讲的"五丁"，也并非真的是五名天生神力的大力士，而只是众多筑路人员的泛称。

但是，蜀国在周代就开凿出的金牛道确实为川、陕、甘、青历时千余年的茶马互市提供了最重要的通道，也就是历史上所说的"茶马古道"。

茶马古道指的是当时的朝廷为了获得外蕃的优良马匹来装备朝廷的军队，就每年都从大西北和西藏地区少数民族那里用茶叶换取马匹。

寒食 就是寒食节，也叫"禁烟节""冷节"或"百五节"，是我国的传统节日之一。寒食节的日期就在清明节的前一两日，当天要禁烟火，只吃冷食。后来逐渐增加了祭扫、踏青、秋千、蹴鞠、牵勾、斗卵等风俗，曾被称为民间第一大祭日。

由于金牛道方便了出行，茶马互市的规模很大。仅仅在南宋时，朝廷就每年都要以百万斤以上的茶叶换取万匹良马。

但茶马互市并非始于南宋，而是早在唐朝就开始兴起了，这同时也是唐朝的茶叶流通于外蕃的时间。唐朝人封演在他所著的纪实小说《封氏闻见记》中写道：

> 饮茶始自中地，流于塞外。往年回鹘入
> 朝，大驱名马市茶而归，亦足怪焉。

"茶马互市"始于唐代，又被后来的宋、明、清几朝定为国策。南宋诗人陆游在他所著的记载五代时

■剑门关城门楼

南唐国历史的纪传体史书，《南唐书》里记载：

> 契丹虽通商南唐，徒持虚辞，利南方茶叶珠贝而已。确
> 系实情。北蕃好食肉，必饮茶，因茶可清肉之浓味。
>
> 今蒙古人好饮茶，可为例证，不饮茶，多困于病，无怪
> 其常以名马与汉人易茶也。唐宋者名之团茶，蕃人尤嗜之，
> 常以重价买之。

由此可知，当时茶叶传于外蕃，一方面是由于外蕃生活上的要求，另一方面是因为当时的朝廷需要外蕃马，于是投其所好，用茶与之交易，是一种财政措施。何况当时，中原需要交换的不仅仅是马匹，还有少数民族地区的特产，如毛皮和药材。

川陕间茶叶、马匹的往来，金牛道是必经之途。清朝前期每年需要外蕃马11000多匹，后来又增加了2000匹，共计13000多匹，每年换回来的万余的马匹，沿金牛道运往边关和内地，其景何等地浩荡！

阅读链接

翠云廊古称剑州路柏，是剑门蜀道的一段。广义的翠云廊，分为西段、北段、南段，是指以剑阁为中心，西至梓潼，北到昭化，南下阆中的三条路，在这三条蜿蜒300里的道路两旁，全是修长挺拔的古柏林，号称"三百长程十万树"。

翠云廊保留了原来"驿道"的旧貌，古风盎然。历经千余年的雨雪风霜，更显雄浑苍凉，古道夕阳之中，令人横生昔人已去，天地悠悠的无尽感触。

剑门蜀道有驿站古柏12300多棵，有规律地分布在300多千米的驿道两旁，其中剑阁县7800多棵，梓潼近500棵，昭化100多棵，阆中10多棵，南江3800多棵。其中的很多古柏树龄都在千年以上。

诸葛亮下令修成雄关关楼

到了三国时期，在三国鼎立局面形成之后，蜀国的丞相诸葛亮率军伐魏。路经大剑山时，他见大剑山峭壁中断，两崖奇峰倚天如剑，附近的地形群峰雄伟，山势险峻。

他就马上让军士开凿山岩，架飞梁，搭栈道，又在大剑山断崖之间的剑门蜀道隘口砌石设门，修筑关楼，设阁尉把守。从那时开始，这个重要的关塞始称"剑门关"。

据宋朝的地理总志《太平寰宇记》记载：

四川广元剑门关

诸葛亮相蜀，凿石驾空为飞梁阁道，以通行旅，于此立剑门关。

北宋地理总志《舆地广记》也记载：

> 蜀汉丞相亮……以阁道三十里至险，复设尉守之。

根据这些史料的记载，可以确定剑门关确实是蜀汉丞相诸葛亮设立的。自诸葛亮立剑门关以来，历代关前所经过的大小战争，已不下百余次，的确称得上是名闻天下的铁血雄关。

诸葛亮所建的剑门关关楼是三层翘角式箭楼，上两层是阁楼，最下层为条石砌成的拱形城洞。关楼的阁楼正中悬着一个横匾，书写着"天下雄关"四个金色大字。

据有关资料记载，三国时期的蜀汉皇帝刘备在称帝之前，就曾四次往来于剑门关。加上《三国演义》的记载，叙述了刘备在进军成都的途中，又返回葭萌关看张飞和马超厮杀，共计往返剑门关六次。

217年，刘备在成都定都，同时设立了剑阁县，加强了对剑门关的防守。不仅如此，刘备还以剑阁为中心，将汉中至成都的1000多千米的路程连成了一个整体，保证了从成都至梓潼，穿剑阁过葭萌、白水，到陕西勉县阳安关、汉中这条剑阁道的安全和畅通，为以后诸葛亮出祁山创造了条件。

■ 孔明蜡像

《舆地广记》
宋代一部重要的历史地理学著作，全书共38卷。《舆地广记》记述了从远古至宋期间郡县建制的变化，内容完整，体例明了，开创了后代编一统志的先河。《舆地广记》在编撰体例上具有许多独到之处，资料丰富，体例清晰，编撰体例独特、创新。

227年的时候，诸葛亮率大军出剑门关进驻汉中，向后主刘禅上《出师表》，请伐中原。《出师表》中的"率诸军北驻汉中"，就是诸葛亮经过剑门关的时候。

228年，诸葛亮从汉中誓师，首次出兵祁山，智收魏将参军姜维。诸葛亮特别器重姜维，曾经说"今得伯约，得一凤也。"诸葛亮所说的伯约，正是姜维的字。

231年，诸葛亮第二次出兵祁山，用他自己发明出的木牛流马向前线运输粮秣军需，大举伐魏。虽与魏将张命数战皆捷，但因攻城20余日不下，粮尽还师。

232年至233年，诸葛亮从汉中经金牛道，筹集军需。他总结了前几次伐魏粮尽退兵的教训，大量制作木牛流马，运送米、麦囤集到剑门关，以便转运汉中

《三国演义》

全名《三国志通俗演义》，是我国第一部长篇章回体历史演义的小说，我国古典四大名著之一，由元末明初小说家罗贯中所著。《三国演义》成功刻画了近500个人物形象，运用不以敌我的叙述方式对待各方的历史描述，对后世产生了极其深远的影响。

■剑门关上的对联

■ 剑门关城楼城墙

和斜谷口，做好了长期伐魏的准备。

诸葛亮把剑门关作为蜀北大门，立关戍守。同时派人在大、小剑山之间修筑了15千米的栈阁，以利于行军和囤集粮草。

234年，诸葛亮从成都出剑门还汉中，齐集三军出斜谷伐魏。诸葛亮在军中病故。姜维继承了诸葛亮在《出师表》中表现出的振兴汉业的遗志，竭忠尽力想要恢复中原，重兴汉室。

263年，魏国伐蜀，汉中失守，姜维退守剑门关。魏将诸葛绪企图统兵夺关，姜维派出5000精兵出剑门关，直闯魏兵阵营，使诸葛绪大败而逃，蜀军趁机夺得了许多马匹和军械回剑门关。

随后，另一名魏将钟会率领10万精兵强攻剑门关，两军在剑门关外激战月余，蜀军居高临下，士气旺盛，魏兵寸步难移。

再加上剑门关的地势险要，易守难攻，姜维却只用了30000兵马就轻松地把钟会的10万大军抵挡在了剑门关外。钟会无奈之下向姜维投书劝降，但姜维毫不理会。

后来，诸葛亮所建造的剑门关关楼多次毁于战火，1761年，清朝的四川总督陈谟又奉旨督建了一座新的关楼。

新关楼是重檐式歇山顶，翼角凌空，气宇轩昂，有窗户八扇，檐下匾题"天下雄关"四个金色大字。关楼整体上大下小，上约150米，下宽50米，巍然屹立在两道如剑直立的峡口之间。

关楼分为上中下三层，高约9米，底层为石砌基座，正中有拱券门洞，呈高约3米、长约8米的隧道状，并有两扇木门为禁。门扉是用乳钉纹装饰的铁皮，上面有突起乳钉81颗。

后来，这座清朝时所修建的剑门关关楼也不在了，人们就开始重建它。

重建的剑门关关楼是仿古建筑，恢复了古关楼的原貌，关楼与周围的险山幽壑环境浑然一体。整个关楼两层一底，高17.1米。底层用长80厘米、

重檐 古代建筑经常出现的建筑形制之一，是在基本型屋顶重叠下檐而形成。其作用是扩大屋顶和屋身的体重，增添屋顶的高度和层次，增强屋顶的雄伟感和庄严感，调节屋顶和屋身的比例。有重檐庑殿、重檐歇山和重檐攒尖三大类别。

■ 剑门关关楼

千古要塞 南方的著名古代关隘

■剑门关"剑门"题刻

琉璃 又叫流离，是传统建筑中的重要装饰构件，通常用于宫殿、庙宇、陵寝等重要建筑，也是艺术装饰的一种带色陶器。琉璃是古代文化与现代艺术的完美结合，流光溢彩、变幻瑰丽，是我国古代艺术精致、细腻、含蓄的体现。

高和宽各30厘米的细清条石，层层错缝修筑，构成四面墙体。

石墙顶端，南北西方，用仿汉砖砌有楼堞垛，有16根仿木圆柱直通顶层。屋盖覆青灰色琉璃瓦，脊上饰有吉祥鸟兽，四檐外伸，翘角当空，铜铃随风摆动，阵阵有声。关楼东侧高处，筑有700多米高的烽火台，台与关楼又以城墙相连。

在距离后关门东北500多米处的地方，是一座高70米的高耸巨石，矗立于地面，酷似一棵竹笋，人称石笋峰。竹笋峰高达数十丈，通体不长一草一木，但在它的尖顶上，却生长着一丛茂盛的灌木。

关于这座石笋峰，还有这样一个传说。传说剑门关先前不产竹子，当地百姓只好用山上的藤条编制背篼、箩筐之类的用具，结果不仅砍伐了大量藤条，破坏了植被，还经常有人为了砍藤条而从绝壁上失足跌下。

天庭的一位神仙很同情剑门关的百姓们，就从玉皇大帝那里偷来了慈竹、斑竹、箭竹等种子，洒在剑门山上，让剑门山长出了大片大片的竹林。

玉皇大帝为了惩罚这个神仙偷天庭的东西，就把他变成了一尊石笋。

还有人传说它是开道的五丁中的一位武士变化而成，也有人说它是五丁开道时想要拔出的那条巨蛇变化而成。

在剑门关附近的石壁上，有一座高135米，底宽60米，顶宽30余米的悬崖，名为照壁崖。这座照壁崖的正面是褐色的，壁的两端各有一条狭缝，开口处能容一人侧身过去。

照壁崖的壁面光滑平整。当有光线照在崖壁上，壁面上就会熠熠闪光，尤其是在阳光灿烂的夏天或者旭日东升时的清晨，在朝阳照耀下的壁面就会红彤彤的，宛如一块巨大的玛瑙。

关于这座照壁崖，民间还有一段传说呢！

相传一天早晨，陕西雍州府的知府在洗脸时发现，他的水盆里闪现出一道屏障的样子。知府很惊讶，就派人按盆底的显影到处查访。

当手下走到剑门关时，发现有一石壁正在闪光，

知府 古代官职。宋代至清代地方行政区域"府"的最高长官。唐以建都之地为府，以府尹为行政长官。宋升大郡为府，以朝臣充各府长官，称以某官知某府事，简称"知府"。明代以知府为正式官名，为府的行政长官，管辖所属州县。清代沿明制不改。知府又尊称"太守""府尊"，亦称"黄堂"。

059

铁血雄关

四川剑门关

■剑门关远景

■ 剑门关石笋峰

刘备（161—223），字玄德，三国时期蜀汉开国皇帝。刘备是汉朝宗室，汉中山靖王刘胜的后代，他为人谦和、礼贤下士，宽以待人，志向远大，知人善用，素以仁德为世人称赞，是三国时期著名的政治家，221年在成都称帝，国号汉，年号章武，史称蜀或蜀汉。

跟知府盆里照出的屏障一模一样。知府认为这是吉祥之兆，便命人将他堂上"明镜高悬"的四个大字匾取下，挂在了剑门关的岩壁上。从此以后，人们就称这段石壁为"照壁崖"。

过关往南，游道右边的有尊雕塑，名叫孔明立关。孔明立关像的南边，就是蜀汉先主刘备的雕塑。

从关楼西侧往剑门山的左侧看去，崖壁，山石和树林俨然是一尊天然的武士面容像。这座石像坐北朝南，形似一位正凝视着关口的，头戴盔甲的武将。

这座毫无人工雕饰的石像神工天成，可谓是剑门关一奇。尤其是细看之下，这座石像的面容深沉而镇静，神态气韵勇武果敢，像是正在守卫着剑门关。

当地人都认为这座石像惟妙惟肖地还原出了姜维将军的气魄，又由于姜维确实曾在剑门关守关，因此称这座石像为姜维神像。

在姜维神像的右下方，还有一只面向雄关隘口的灵猴石像。这尊石像虎视眈眈，透着一股锐气。

有人说这只灵猴是五丁开山时留下来镇守剑门雄关的神将，有人说是姜维将军死后的化身，还有人说石猴是剑门山上的猴王，剑门山上的猴子经常到猴王脚下顶礼膜拜。

在剑门关外的牛头山上，有一汪直径3米，水深1米，呈椭圆形的水池，当地人称之为"姜维井"或"姜维拜水池"。

相传262年，姜维在剑门关作战时曾败退到牛头山。因为牛头山没有水源，将士们处境很艰难。到了晚上，姜维梦见诸葛亮给托梦，要他设坛拜水。

第二天，姜维命兵士挖好池子，设祭坛，焚香烛，对池跪拜。但跪拜了三天三夜都未见水，姜维很焦虑，便派手下察看，手下回报"无水"；第三天，前去查看的手下还是回报"无水"。

后来，派去的第三个手下前去察看，仍无水，但这个士兵见前两人如实回报的时候，姜维很不高兴，就撒谎说"有半池水"。

姜维半信半疑，第四次派手下再去察看，士兵回报说："的确有半池水。"

姜维很高兴，说："即使有半池水也够了。"

从那时起，这汪拜水池不管天气是否干旱，或者雨水多么充沛，池中的水从来都不满，无论多少人去饮用或者打水，池内始终保持半池水。

最神奇的是，这个水池的位置比阆水水面还要高730多

铁血雄关

四川剑门关

■剑门关绝壁

■剑门关绝壁

米，但池内的水色却始终随阆水的变化而变化。江水清时池水也清，江水浑时池水也浑。

后来，当地人在拜水池附近建了一座牛王庙，庙内塑有姜维像，来这里瞻仰和取水的人络绎不绝。

剑门关内右侧半山腰有一个巨大的石洞，冬暖夏凉，可容数百人。姜维据险守剑门时，常在洞里带领部下研究兵法。魏将诸葛绪统兵夺关时，姜维正是在这个洞里和其他将领商定了守关退敌的妙计。

钟会统兵13万强攻剑门关，并向姜维投书劝降时，姜维也是在这个洞与诸将商谈后，决定不答复劝降书。后来，当地人怀念姜维，就叫该洞为"姜维洞"。

剑门关附近还有三国时期诸葛亮令军士开凿出的栈道。这条剑门栈道依山傍势，凌空架木。长长的栈道在青翠的山间盘旋延伸，就像一条白色的长龙在峭壁悬崖之间翻滚。

阅读链接

大穿洞在剑门关所在的大剑山南面，是一个砾崖洞，洞形如圆拱天桥，长50余米，宽20余米。拱桥面森林密布，杂草丛生。桥下东西对穿，有如庭堂，可容数百人。

关于大穿洞的成因，有这样一个传说。古时候有一个妖魔常在剑门山作怪，危害山民。梁山寺的志公和尚便率领他的弟子们为民除害。

一天，他们发现了妖魔，就穷追不放，当快追上时，妖魔纵身跳崖逃跑，志公和尚急忙放箭，射中了妖魔，但因为他用力过猛，射穿了前面一座小山，于是形成了一个大穿洞。

梁武帝为剑门山寺庙赐名

　　在大剑山的绝顶，位于海拔约1.2千米的剑门七十二峰的桃花峰与逍遥峰之间，有一座舍身崖。

　　关于舍身崖，千百年来，在剑门山区一直流传着它美好而动人的

■大梁山

四合院 四合院是以正房、倒座房、东西厢房围绕中间庭院形成平面布局的北方传统住宅的统称，是汉族民居形式的典型，也是我国古老、传统的文化象征。四合院的历史已经3000多年了，"四"代表东西南北四面，"合"是合在一起，从而形成一个口字形，这就是四合院的基本特征。

传说。大约在明朝初年，有一位身经百战、屡建功勋的将军，后来弃官出家，来到梁山寺削发为僧，法名"枳松"。

枳松精通佛学，为人沉静寡言，待人和善，因此深得寺内众僧拥戴，不久就被众僧推选为住持。

一天傍晚，一位眉清目秀，美丽动人的女施主来到寺里，问枳松道："我看师傅气度不凡，相貌堂堂，胸有才略，何苦来这深山老林苦苦修行呢？"

枳松一言不答。

那妇人又说："小妇人年前丧夫，孤身一个，尚有些薄产，若师傅有意还俗的话，你我二人永结伉俪，也好安度后生。"

一向严守规诫的枳松心平气和地拒绝说："贫僧已皈依佛门，万象皆空，请女施主好自为之。"

无论这位女施主怎么劝，枳松都无动于衷。过了一会，女施主突然转身跑掉，跳入了大剑山的悬崖

■剑门关梁山寺

中。枳松大惊，心想，我一个出家人竟闹出人命，佛法怎容？于是，他自己也纵身跳下崖去了。

其实，那位女施主是观音菩萨的化身，是故意来考验枳松的。

经过这一番考察，观音菩萨认为枳松是个虔诚的弟子，就用一朵祥云把他接到了西天极乐世界。

后来，枳松跳下去的这个悬崖便被人称为"舍身崖"了。

剑门山峰众多，各有景致独特之处。常言道："到了剑门关，必定上梁山；不上梁山寺，无处论雄关"。梁山寺也是剑门风景的精粹。

据说，梁武帝当年来到剑门以后，曾拜志公禅师为师，要求出家修行。

因志公曾是梁武帝的宰相，便对武帝说："你曾是我的君王，应当去梁山的山顶修行。"

梁武帝去了梁山山顶的一个寺庙，参悟佛法回朝以后，这个寺庙就用梁武帝的姓叫作梁山寺了。

梁山寺始建于唐，历代有修葺，清时扩建为两进四合院，建筑面积947平方米。

梁山寺的寺院坐北朝南，在山门中高悬着写有"梁山寺"三个金光大字的巨匾，在大门两旁的柱上有黑漆鎏金楹联。

梁山寺正殿的"大雄宝殿"这四个字，是清末翰

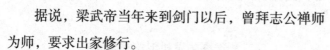

鎏金 也叫火镀金、涂金、镀金、度金或流金，古代金属工艺装饰技法之一。鎏金是一项传统的古代劳动人民在生产劳动中总结创造的工艺。鎏金技术始于战国，同时我国也是世界上最早使用这一技术的国家。

■ 具有雄关之称的
剑门关

林剑州布政使兼书法家李榕所书写的。正殿的左门挂着一副楹联,是清朝剑阁县张王乡举人任熹所写的:

门外飘香,满树荆花挥佛面;

堂中说法,一池清水映禅心。

对联的横额则写着"同归大乘"。殿内两侧的四根柱子上金龙卷腾,正中有三尊端坐莲台的佛像,分别是手捧药钵的药师佛,作说法印得释迦牟尼和手持莲花的阿弥陀佛。这三尊佛像的两侧侍立着阿难和伽耶,两壁厢塑的是十八罗汉。

这十八罗汉形态各异,有屠夫走卒,商旅,也有将相、帝王,这是大乘佛教宣扬佛法的一种方式,通过十八罗汉的形象告诉世人,人人有佛性,不管你是何身份地位，只要一心向佛，皆可成佛。

大雄宝殿的右侧就是藏经楼，藏经楼门柱有一副楹联，横额是"法海金波"，殿内供奉着三尊佛像。梁山寺中还有僧房、香积厨、斋堂、职事堂和茶堂。

寺院中有一棵树龄数百年的紫荆树，还有一汪水深数尺，冬夏不涸的长方形水池，名叫"乌龙池"。乌龙池里的乌龙指的其实是黑背、金腹、四脚、宛若龙状的蝾螈，人称"乌龙"。

乌龙池中有一块呈黑、白、灰等色的鸟、虫、兽花纹的椭圆花石，被称为"镇山崖"。

这是因为据说有一年，梁山寺乌龙池中的池水受灰尘落叶污染变臭，寺中的志公和尚就摘下一粒胸前的佛珠投入池内。这粒佛珠落地时突然变为花石，池水就又变得甘甜可口。

后来，那佛珠石越长越大，还生出了美丽的花纹，因此被寺中的人尊为"镇山崖"。

布政使 古代官职。创立于1376年，13个省宣布政使司，每个司都要设左、右"布政使"各一人。布政使要负责承宣政令并督促地方官职贯彻实施，同时管理府、州等各级官员，还要负责征收全省各地赋税，负责财政收支，统计全省各府户籍、税役、民数、田数等民事内容。

■剑门关

相传当年梁武帝参悟佛法，离开梁山时，曾经把树种向梁山寺的周围撒去。因此后来的梁山寺右侧就有了十数个独立而相依的峰峦组成的翠绿屏障，人称翠屏峰。

翠屏峰云雾缭绕，青翠欲滴，绿色丛林布满山岭，有庐山之美、黄山之姿，又因三座主峰酷似笔架，所以又名"笔架山"。

每逢春夏时节，翠屏峰山花烂漫，入秋后，满山霜叶成焰，层林尽染，与青松翠柏红绿相映，色彩斑斓。冬至后，峰顶白雪皑皑，翠绿同瑞雪辉映，奇观诱人。

翠屏峰峰外向北是个绝壁峭崖，西与梁山寺、舍身崖、雷公峡诸峰相接，东同老鸦寨、桃花峰、东山寨、照壁崖相边。

在翠屏峰下有一石窟，相传是梁武帝收藏经书的地方，因此叫经皇洞。

据说，开辟了盛唐的唐玄宗在躲避安史之乱的时候曾在经皇洞里斋戒，同时诵经拜佛，进香读经。经皇洞洞深10余米，宽30米，洞内可容纳数百人。经皇洞下有一湖，叫翠屏湖，湖面清幽。

阅读链接

梁山寺附近有个志公影像崖，在剑门关口西，志公寺上端。

相传志公和尚原本是梁武帝萧衍的丞相，因避西后乱，隐居出家，来到剑门，并建了寺庙。由于他专心致志修身念佛，又为剑门山人做了许多好事，他圆寂后，后人为永久怀念他，便请来高明画师，将其神像绘在剑门关的石壁上，渐渐的，石壁上竟然长出了志公的影子。

所以诗人陆游在题《志公院》诗的跋文中写道："志公院在剑门东五里，石壁间有若僧负杖者，杖端仿佛有刀尺拂子之状。"

剑门关流传千古的诗篇

剑门关地势险峻，气势磅礴，历来是诗人们缅怀历史的胜地。西晋的文学家张载到四川探望父亲，途经剑阁，因有感于剑阁地势险要，风光独特，便写下了《剑阁铭》：

岩岩梁山，积石峨峨。远属荆衡，近缀岷嶓。南通邛僰，北达褒斜。狭过彭碣，高逾嵩华。

■剑门关景色

■ 剑门关远景

公孙 公孙姓，是复姓，其源于姬姓、姜姓、子姓。据传公孙氏源于5000年前的上古时期的华夏时代，是我国最古老的一个姓氏之一。

邛僰 汉朝时对临邛、僰道的并称，位置大约在后来的四川邛崃、宜宾一带。唐代骆宾王的《畴昔篇》写过"脂车秣马辞乡国，策蹇西南使邛僰。"因此，邛僰也指西南的边远地区。

惟蜀之门，作固作镇。是谓剑阁，壁立千仞。穷地之险，极路之峻。世浊则逆，道清斯顺。闭由往汉，开自有晋。

秦得百二，并吞诸侯。齐得十二，田生献筹。矧兹狭隘，土之外区。一人荷戟，万夫趦趄。形胜之地，匪亲勿居。

昔在武侯，中流而喜。山河之固，见屈吴起。兴实在德，险亦难恃。洞庭孟门，二国不祀。自古迄今，天命匪易。凭阻作昏，鲜不败绩。公孙既灭，刘氏衔璧。覆车之轨，无或重迹。

那远远的梁山，堆积着高高的石块。向远处可以连接到荆山、衡山，近处缀连着岷山、嶓冢山。向南可以通到邛僰之地，向北可以达到褒斜道。这个地方比彭门都狭窄，比嵩山、华山都要高。

这就是蜀地的门户啊，坚固又作为此地的主山。这个地方就叫作剑阁，悬崖有千仞之高。地形已险到了极端，道路也高峻到了极端。

天下混乱它就叛逆，天下太平它就归顺。它从已经过去了的汉朝开始关闭，到了晋朝才重新开放。

秦朝得到了120座雄关，得以兼并诸侯；齐国得到了12座雄关，田生才得以献出筹略。况且这种关口，是国土的边缘。

一个人在此防守，千万人马都踌躇不前。地形如此的地方，不是亲信可千万不能派他坚守此地！

当年魏武侯泛舟游于西河，赞叹河山险固而喜形于色，被吴起批评。

田生 西汉时吕后的一位策士，也就是古代善于运用长策计谋以及献策游说术的人，专门为皇室提供建议与策略。田生起初是为营陵侯刘泽划策，后来献计游说吕后请立吕产为王，立刘泽为琅邪王，然后和刘泽急行就封。

■剑门关石阶

■剑门关

国家的兴盛实际上在于德行，无德的话，险地也难稳据。那据有洞庭的楚国和据有孟门的晋国，早已没有后人祭祀。

历代以来，上天的规律是不会改变的。如果君主昏庸，国家很少有不败的。

公孙述已经被灭，刘家也已投降。这些已倾覆的车子的轨迹，是不可以再行走的。我把这篇铭刻在这山凹处，就是为了告诫四川的老百姓的。

这篇铭文先写剑阁形势的险要，次引古史指出国之存亡，在德不在险的道理，被后人誉为"文章典则"，晋武帝曾派人镌之于石。

唐朝的诗仙李白也曾为剑门关留下名篇《蜀道难》：

李白（701—762），字太白，号青莲居士，唐朝诗人，有"诗仙"之称，浪漫主义诗人，为唐诗的繁荣与发展打开了新局面，歌行体和七绝达到后人难及的高度。李白存世诗文千余篇，代表作有《蜀道难》《将进酒》等诗篇，有《李太白集》传世。

噫吁嚱，危乎高哉！蜀道之难，难于上青天！蚕丛及鱼凫，开国何茫然！尔来

四万八千岁，不与秦塞通人烟。西当太白有鸟道，可以横绝
峨眉巅。地崩山摧壮士死，然后天梯石栈相勾连。

上有六龙回日之高标，下有冲波逆折之回川。黄鹤之
飞尚不得过，猿猱欲度愁攀援。青泥何盘盘，百步九折萦岩
峦。扪参历井仰胁息，以手抚膺坐长叹。

问君西游何时还？畏途巉岩不可攀。但见悲鸟号古木，
雄飞雌从绕林间。又闻子规啼夜月，愁空山。

蜀道之难，难于上青天，使人听此凋朱颜。连峰去天
不盈尺，枯松倒挂倚绝壁。飞湍瀑流争喧豗，砯崖转石万壑
雷。其险也如此，嗟尔远道之人胡为乎来哉！

剑阁峥嵘而崔嵬，一夫当关，万夫莫开。所守或匪亲，
化为狼与豺。朝避猛虎，夕避长蛇；磨牙吮血，杀人如麻。
锦城虽云乐，不如早还家。蜀道之难，难于上青天，侧身西
望长咨嗟！

剑门关的悬崖峭壁

千古要塞

南方的著名古代关隘

■剑门关剑溪古桥

蚕丛 又称蚕丛氏，是传说中古蜀国首位称王的人，是"蜀"的化身，也是华夏第一个把山上的野蚕变为家蚕的人。蚕丛是一位养蚕专家，据说他的眼睛跟螃蟹一样是向前突起，头发在脑后梳成"椎髻"，衣服样式向左交叉。传说是蚕丛在成都平原立国治蜀建立了第一个都城。

唉呀呀！多么危险多么高峻伟岸！蜀道真太难攀登，简直难于上青天。传说中蚕丛建立了蜀国，开国的年代实在久远无法详谈。

自从那时已经过了48000年之久，秦蜀被秦岭所阻从不沟通往返。

西边太白山有飞鸟能过的小道，从那小路走可横渡峨眉山顶端。山崩地裂后，蜀国五壮士被压死了，两地才有天梯栈道开始相通连。

此地上有挡住太阳神六龙车的山巅，下有激浪排空迂回曲折的大川。善于高飞的黄鹤尚且无法飞过，即使猢狲要想翻过也愁于攀援。

青泥岭多么曲折地绕着山峦盘旋，百步之内萦绕岩峦转九个弯弯。屏住呼吸仰头过参井皆可触摸，用手抚胸惊恐不已徒长吁短叹。

好朋友呵，请问你西游何时回还？这可怕的岩山栈道实在难以登攀！只见那悲鸟在古树上哀鸣啼叫。雄雌相随飞翔在原始森林之间。

月夜听到的是杜鹃悲惨的啼声，令人愁思绵绵呵这深寂的空山！

蜀道真难走啊，简直难于上青天，叫人听到这些怎么不脸色突变？山峰座座相连离天还不到一尺，枯松老枝倒挂倚贴在绝壁之间。

漩涡飞转瀑布飞泻争相喧闹着；水石相击转动像万壑鸣雷一般。恶劣艰险到了这种程度的地方，又岂是你这个远方而来的客人该来的呢？

剑阁山崇峻巍峨高入云端，只要一人把守，千军万马也难攻占。驻守此关的官员若不是自己的近亲，难免要变为豺狼踞此为非造反。

清晨你要提心吊胆地躲避猛虎，傍晚你要警觉防范长蛇的灾难。豺狼虎豹磨牙吮血真叫人不安，毒蛇猛兽杀人如麻即令你胆寒。

锦官城虽然说是个快乐的所在，但剑门关如此险恶，还不如早早回家。

蜀道太难走啊，简直难于上青天！侧身西望，不免感慨长叹！

■剑门关远景

■ "剑门览胜"石刻

　　这首诗大约是742年，李白第一次到长安时写的。《蜀道难》是他袭用乐府古题，展开丰富的想象，着力描绘了秦蜀道路上奇丽惊险的山川。

　　李白以变化莫测的笔法，淋漓尽致地刻画了蜀道之难，艺术地展现了古老蜀道逶迤、峥嵘、高峻、崎岖的面貌，描绘出一幅色彩绚丽的山水画卷。诗中那些动人的景象宛如眼前。

阅读链接

　　231年，蜀相诸葛亮率30万大军从成都出发北上伐魏。大军途经剑门关，山风习习，阵阵酒香扑鼻，远方一排茅舍余烟缭绕。

　　士兵见一老农夫妇用当地谷物酿制了坛坛美酒，尝之赞不绝口，诸葛丞相就用铜钱换得坛坛剑门关美酒。

　　自此，蜀军六出祁山，九伐中原，每次将士征战壮行或得胜凯旋均用剑门关美酒犒赏三军。

　　剑门雄关当地百姓自此将剑门盛产之白酒称为豪迈英雄酒，演绎并诠释了"酒品剑门关，蜀道不再难"的豪迈情怀以及"豪情不让千杯酒，一骑敢冲万人关"的英雄气概。

重庆瞿塘关

瞿塘关两岸高山凌江夹峙，断崖壁立，高达数百米，宽不及百米，形同门户，因水势波涛汹涌，呼啸奔腾，令人心悸，素有"夔门天下雄"之称。

瞿塘关位于三峡奉节瞿塘峡夔门山麓，是古代入蜀道的重要关隘，自秦汉以来都是兵家必争之地。

瞿塘关汉时置江关都尉。214年，刘备攻打广汉未克，诸葛亮与张飞、越云等率军自荆江逆江而上，占领此关。后被蜀汉视为重镇。历代要取巴蜀，必先取得此关。

古代江关几经演变为瞿塘关

瞿塘关在奉节东的瞿塘峡附近，古称江关。纪传体断代史《汉书》记载说："鱼复，江关都尉治。"

都尉是郡一级仅次于太守的军事长官，由此来看，当时的瞿塘关就已经在军事上占有极重要的地位了。

■瞿塘峡风景

唐代章怀太子李贤注解的《后汉书·公孙述传》中说：

■ 石刻"夔门天下雄，舰机轻轻过"

> 江关旧在赤甲城，后移在江南岸，对白帝城。

这一段是说，江关所在的赤甲城就在奉节东江北岸赤甲山上，后来又被移到瞿塘峡口江南岸，但不知是何时所移的。

江关在汉晋时也称扞关。郦道元所著的以记载河道水系为主的综合性地理著作《水经注》中写道：

> 张仪说谓下水而浮，不十日而拒扞关，即指此。

《舆地广记》有记载说："鱼复县有古扞关。"晋朝史学家王隐也在《晋书·地道记》里记载道：

《汉书》 又称《前汉书》，由东汉时期的历史学家班固所编撰，是我国第一部纪传体断代史，"二十四史"之一。《汉书》是继《史记》之后我国古代又一部重要史书，与《史记》《后汉书》《三国志》并称为"前四史"。《汉书》全书主要记述了公元前206年至公元23年共230年的史事。

■ 瞿塘峡景观

白帝城 原名子阳城，为西汉末年割据蜀地的公孙述所建，公孙述自号白帝，所以把自己的城池起名为"白帝城"。白帝城位于重庆奉节瞿塘峡口的长江北岸，奉节东白帝山上。白帝城是观"夔门天下雄"的最佳地点，历代著名诗人留下大量诗篇，因此白帝城又有"诗城"的美誉。

"梁州——东限扞关。"《后汉书·公孙述传》里也写道："东拒扞关，于是尽有益州之地。"

到了后来，江关的称谓又起了变化。1264年，徐宗武在白帝城下的岩穴设了七条拦江锁，后人称为铁锁关。到南宋时，铁锁关就被称为瞿塘关了。

陆游在《入蜀记》里写道：

瞿塘关，唐故夔州也，与白帝城相连。

元代的地理总志《一统志》记载说：

瞿塘关去城八里，管锁水铁锁二条。

至南宋以后都称瞿塘关。在瞿塘设关具体开始于什么时候，已经没有确切的资料可以考证了。但关于瞿塘设关主要有两种说法，一个是战国说，再就是春秋说。

《资治通鉴·胡三省注》里的记载是：

> 据《史记》，蜀伐楚，取兹方，楚为扞关以拒之。则兹方之地在扞关之西。刘昭《志》巴郡鱼复县有扞关。

宋元之际的史学家胡三省，在《资治通鉴》里提出疑问：蜀国攻取兹方时，所记述的"楚设关以拒之"，和"则兹方之地在扞关之西"出现了错误。因为按照地理位置来看，设关防范的楚肃王是不可能在瞿塘峡口设扞关的，而应该在兹方的东面。因此，瞿塘关建于战国的说法并不可靠。

《一统志》 指古代王朝官方的地理总志。按朝代来说，有《大元一统志》《大明一统志》《大清一统志》等。一统志，是指古代朝廷组织编纂、审定认可并发行的地理类志书。它是这一个时期内官方记载的地理文献，也是后世学者用以研究历史地理沿革的重要工具书。

■ 三峡风光

《括地志》 唐朝时期的一部大型地理著作，由唐初魏王李泰主编，全书正文550卷、序略5卷。《括地志》吸收了《汉书·地理志》和顾野王《舆地志》两书编纂上的特点，并创立了一种新的地理书体裁，为后来的《元和郡县志》《太平寰宇记》开了先河。

在《华国志》注中记载：

《玉海》卷十引《括地志》"扞关，今峡州巴山县界故扞关是"。《后汉书》李贤注、《通典》等说均同。

这样扞关的位置就比较清楚了，它不是在瞿塘峡口，而是在长阳的西边。那么在瞿塘设关究竟始于何时呢？

《后汉书》中，李贤注引《华阳国志》时写道："巴楚相攻，故置江关。"《水经注》里也写道：

扞关，廪君浮夷水所置也。昔巴楚数相攻伐，藉险置关的以相防扞。

《华阳国志·巴志》里写道："鲁庄公十八年，蜀伐楚。……哀公十八年，蜀人伐楚……"

■巫山小三峡

这些史实，都于《左传》可查，是有历史依据的。因此可以断定，瞿塘设关最早应是巴人立国时，最迟也不晚于春秋。

但是历史上为什么会把江关、扞关相混淆呢？可能是秦灭蜀、巴的时候，江关仍在，秦汉大一统，江关仍然存在，而楚扞关则废弃了。据此，瞿塘关的设关时间基本可以断定不晚于春秋。

综上所述，瞿塘关即古代的江关。汉晋时又别称扞关，五代北宋时别称铁锁关，从南宋以后称为瞿塘关。

阅读链接

瞿塘关石刻文化博大精深，地方特色鲜明。

长江巫峡北岸集仙峰下的孔明碑，上刻"重岩叠峰巫峡"六个遒劲有力的大字，相传为诸葛亮所写。它的下边还有两行大字，一行是"名峰耸秀"，另一行是"巫山十二峰"。中间还有许多模糊难辨的小字，但从其中可以辨认的"嘉靖年"等小字可以看出，碑文很可能是明代时所刻的。

然而多年以来，人们却说那些小字是诸葛亮规劝东吴大将陆逊的文章。据说当年夷陵之战，陆逊追击蜀军到达这里，读到这个碑文，很受感动，就退兵回去了。所以，人们便称它为孔明碑。

以雄中有秀闻名的关隘风光

欲过瞿塘峡，先闯瞿塘关。在瞿塘峡口，北岸的赤甲山拔地而起，江南的白盐山从天而落，对峙的两岸为千丈峭壁，相距仅100多米。"两山夹抱如门阙，一穴大风从中出""白盐赤甲天下雄，拔地

■ 夔门遗址

突兀摩苍穹。"

■夔门雾景

这就是著名的三峡门户夔门，也称瞿塘关，是出入四川盆地的必经之路。说起瞿塘关天下雄，不可不说夹江而峙、犹如天设的两扇大门，这就是屏障夔州的赤甲、白盐两山。

瞿塘关口的北岸，白帝城的东侧，鬼斧神工地造就了一座石灰岩质、高1.4千米的赤甲山。山石赭口红，不生树木，如人袒胸披甲屹立，山名由此得来。山形似一只桃子，因此，又有桃子山的称号。

还有人把这座山叫作火焰山。每当晴空日丽、艳阳映照，山峰就如红妆艳抹一般。正如古诗所赞叹的"晴辉相辉映，解甲挂山陬。""赤甲晴辉"向来是瞿塘关的一大胜景。

白盐山"仿佛盐堆万仞岗"，与赤甲山交相辉映，红白分明，更添异彩。这就是有名的"白盐曙色"，又为瞿塘峡增添了一层瑰丽的色彩。

夔州 即后来的奉节。从汉代起至20世纪初，奉节为巴东郡、巴州、信州、夔州、夔州府和江关都尉、三巴校尉等治地，也一直是蜀东政治、经济、文化和军事中心。奉节的永安镇历代曾为路、府、州、郡治地，是一座历史悠久的名城。

■ 夔州古城

郦道元（约 470—527），字善长，北朝时期的北魏地理学家、散文家。郦道元博览奇书，幼时曾随父亲到山东访求水道，后又游历秦岭、淮河以北和长城以南广大地区，考察河道沟渠，搜集有关的风土民情、历史故事、神话传说，并撰《水经注》40卷。

赤甲与白盐两座峰峦，隔江相望，近在百米，一个红装，一个素裹，不但给雄壮的夔门增添了英武的风采，而且还形成了不少自然和人文的景观，如粉壁墙，圣姥泉、余公洞等，让人们大饱眼福。

古人把瞿塘关的山雄水险尽诉笔端。如郦道元在《水经注》中说：

两岸连山，略无阙处，重岩叠嶂，隐天蔽日，自非亭午夜分，不见曦月。

这正是瞿塘关两岸包括赤甲、白盐两山在内的如实写照。陆游在《入蜀记》中也说：

入瞿塘峡，两壁对耸，上入霄汉，其平如削成。仰视天，如匹练。

从水情上看，"瞿塘嘈嘈急如弦，洄流溯逆将复船"，"高江急峡雷霆斗，翠木苍藤日月昏"，狮吼雷鸣，震耳眩目。正是这雄山险水，才造化出"瞿塘险过百牢关"的现象。

进入瞿塘关中，看山踏水，满眼都是山，那山势上悬下削，壁立着，对峙着。昂首仰望，只见一线长天，两旁群峦，游云缭绕，只剩下一个个利刃似的山尖。

在峡壁的威逼和夹峙下，船儿仿佛在一尺一尺地向下坠落，而怒吼的狂涛，使劲地将船儿往上抬起，恨不得举过峡尖，送上九天银河。此情此景，好像一扬手就可以摸着天，跺一下脚又会陷进地窟里。

清代诗人何明礼这样描写他的感受：

> 夔门通一线，怪石插流横。
> 峰与天关接，舟从地窟行。

据宋代的祝穆撰写的地理著作《方舆胜览》记载道：

> 瞿塘峡，乃三峡之门，两岸对峙，中贯一江，望之如门焉。

由于长江水的年平均流量

《方舆胜览》
古代地理著作，主要记载了南宋时期的浙江、杭州及其辖下的浙西路、浙东路、江东路、江西路等17路所属的府州等地的郡名、风俗、形胜、土产、山川、学馆、堂院、亭台、楼阁、轩榭、馆驿、桥梁、寺观、祠墓、古迹、名宦、人物、题咏等，内容十分丰富全面。

■ 三峡夔门

高达每小时14000多立方米，相当于十条黄河，洪水期的瞿塘关处甚至会每小时通过4000至5000立方米，一夜之间的涨落达到一二十米，其势简直排山倒海，变化莫测，惊心动魄。

杜甫描绘瞿塘关的水势，用了"众水会涪万，瞿塘争一门"，形象生动地勾勒出瞿塘关的伟岸雄姿。

瞿塘关雄中有秀，于粗犷雄伟的景色中蕴含典雅之美。每当初秋的月夜，碧空如洗，一轮皎洁的明月从峡口冉冉升起，像是赤甲、白盐两峰合捧而出。

雄伟的瞿塘关仿佛被它的银辉推开，顿时银辉洒遍峡江，峰峦朦胧，水波粼粼，山水一色，皎月青山倒映江中，如同仙境一般，使人进入了"夔门秋月"的诗情画意之中。这时，雄伟险峻的瞿塘峡就变得恬静幽美了，别有一番情趣横生的景象。

瞿塘关以雄伟壮丽著称，但其"雄""险"却最为人们所称道。在这段最短最狭的峡谷中，有"险由天设古今留"的说法，可见其险要是天造地设的。也有"瞿塘险过百牢关"的说法，可见其险要的程度。

瞿塘关关口

■ 夔州古城城门楼

唐代大诗人白居易曾为瞿塘关写道：

　　　　见说瞿塘峡，斜横滟滪根，

　　　　难于上鸟道，险过上龙门。

　　诗中说的"滟滪"是一块巨礁，长约40米，宽约
50米，横卧江心，牢牢地锁住了长江航道，这就是瞿
塘关险不可不提的地方，也就是滟滪堆。

　　唐代诗人杜甫在《滟滪堆》中写道：

　　　　巨石水中央，江寒出水长，

　　　　沉牛答云雨，如马戒舟航。

　　这可以说是对滟滪堆的实际描绘。的确，每当冬
春枯水季节，滟滪石犹如一只出水猛兽，露出水面达

杜甫（712—
770），字子美，
号少陵野老，
世称为杜工部、
杜老、杜陵或
杜少陵，被后人
尊为"诗圣"，
其诗被称为"诗
史"，是流传得
最多最广泛的，
诗风沉郁顿挫，
耐人寻味。杜甫
是我国唐代最杰
出的诗人之一。

瞿塘峡景观

千古要塞

南方的著名古代关隘

20余米，横陈江心，紧锁瞿塘关。

在夏秋洪汛时期，滟滪石潜隐江底，宛似水中石牛，激起排空巨浪，漩涡千转，回水西流，涛声咆哮，声震峡谷，组成了一幅"滟回澜"的磅礴壮景。

清人王怀曾在《滟滪石》中写道：

不到瞿塘峡，焉知滟滪尊。

群龙翻地轴，一象塞天门。

如此巨大的滟滪石，是怎样形成的呢？曾有种种说法。有的说是大禹治水时，有意留下的锁龙柱。

清代王知人在《滟回滪》诗中就有这样的诗句："神禹推承造化功，故留突兀大江中。"

有的人还说滟滪石是由三根粗壮的石柱支起的，下有巨大的龙宫；也有人说是长江上游冲来的大滚石，受阻于夔门，堆积而成，或者是赤甲山、白盐山的岩崩造成的。总之，众说纷纭。

后来经过人们的考察，滟滪石既不是崩石，也不是大滚石堆积，而是长江急剧下切，在河床中残留的三叠系石灰岩组成的暗礁。它的下部有三足如鼎状，直插江心，其深莫测。由于滟滪石周身有许多溶蚀凹穴，所以又叫燕窝石。这样一座巨石横亘江心，也是旧时行船的一大险关，因此杜甫在《滟滪堆》中说这是"天意存倾覆"。

因此，东去船只，顺流而下，如箭离弦，船家须看准礁石，及时转舵绕礁而过。否则，如果偏差了分毫，就有触礁沉船的危险。

早在东汉时期，太尉李膺就在《益州记》中说，船民经过这里，不知该顺着哪股水漂过去，总是心中

太尉 古代掌控军事的最高官员，是丞相、太尉、御史大夫的"三公"之一，负责治军领兵，是辅佐皇帝的最高武官，但不能直接指挥军队。太尉要负责评定全国武官的功绩高下，后来成为赏授功臣的赠官。

■ 瞿塘峡险峰

■三峡沿岸风光

犹豫不决，所以才命名为滟滪堆。

自小生在峡区、晚年居奉节的清代监察御史傅作楫在《滟滪堆》诗中也叹道：

> 莽莽长江水，谁敢冲其波。
> 奇哉滟滪堆，乃欲吞江河。

当地还传颂有一首《滟滪歌》：

> 滟滪大如象，瞿塘不可上。
> 滟滪大如牛，瞿塘不可留。
> 滟滪大如马，瞿塘不可下。
> 滟滪大如袱，瞿塘不可触。
> 滟滪大如龟，瞿塘不可窥。
> 滟滪大如鳖，瞿塘行舟绝。

监察御史 古代的官名，主要负责监察百官、巡视郡县、纠正刑狱、肃整朝仪、祭祀营作、太府出纳等事务。因为掌管的事物十分重要，监察御史的选授和督察是极为严格的，连书写失误也会被认为不称职而治罪。

这首《滟滪歌》，不仅形象地说明了滟滪堆在长江不同水位时的形态，而且成为古代船家舟子的航行守则。

如果把滟滪堆比作瞿塘关难过的门槛，那么，在历史上，瞿塘关还曾被人加上过门锁，这就是铁锁关，铁锁关"锁"的就是瞿塘关。

瞿塘关口过白帝城的北边，草堂河与长江汇合处，白帝山东侧的岩石延伸至江边，这是一倾斜岩层组成的岩，险峻的礁石上，巍然屹立着两根铁柱。这就是古时铁锁雄关的遗迹。

瞿塘关是古时进出四川的水上交通要道，也是江防要塞。据北宋史学家司马光在编年体史书《资治通鉴》卷265中的记载，904年的时候，蜀国守将张武：

> 作铁链，绝江中流，立栅于两端，谓之"锁峡"。

司马光（1019—1086），字君实，号迂叟，世称涑水先生，北宋时期的政治家、文学家、史学家。他主持编纂了我国历史上第一部编年体通史《资治通鉴》，其生平著作较多，主要有史学巨著《资治通鉴》《温国文正司马公文集》《稽古录》《涑水记闻》等。

■ 三峡景区内的白帝城

■ 瞿塘峡峭壁

10年后，割据荆南的南平王高季昌欲攻取施州，夔州守将徐宗武就在南岸凿石穿孔，在北岸立了两根铁柱，柱高2.3米，横拦江上的铁链有七条，链长共计997.2米，用来锁江，阻挡元兵。也就是后来的江边铁柱。而铁柱所在的草堂河，又被人们称作铁柱溪。徐宗武设置锁江铁柱后，丞相贾似道还专门为铁锁瞿塘关颁布告示，刻于铁柱溪的岩壁上。

又据史籍记载，早在619年以前，古人就建有瞿塘浮桥，这应当是长江三峡上最早的"长江大桥"了。据宋太宗赵炅时的地理总志《太平寰宇记》记载：

三钓镇在夔州东三里。铁锁断江山，横

江互张两岸，造舟为梁，施战床于上，以御寇焉。镇居数溪之会，故曰三钩，唐武德二年废。

如果这段记述属实的话，则说明在唐代以前就有人在这"峡东风常急，江流气不平"的瞿塘关口三钩镇铺设了铁索，而且还大胆地修建了一座浮桥。因此，正史所明确记载的唐末张武在瞿塘关设置铁索以锁峡，已是约300年后的事了。

因此，在这天下至险处，因为有了断江铁索和浮桥，要想从水上飞渡这道"锁峡"，真比登天还难啊！

北宋初年，赵匡胤在统一全国的战争中，指着地图对率军平蜀的大将刘光义、曹彬说："我军逆流行进到此，切不可以舰到进攻。"

刘光义、曹彬谨记赵匡胤的指示，在离铁索、浮桥还有约20千米处，便舍舟登陆强攻，直到夺取了浮桥，才重新拦船而上。赵匡胤指挥将领成功攻占瞿塘关这一兵家必争之地，也为后来他统一全国的胜利揭开了序幕。

到了元朝末年，割据川东的夏王明玉珍，为了确保瞿塘关不失，除了有拦江铁索外，还在瞿塘关口，北倚羊角口，南靠南城寨，凿壁牵绳，建筑了一座永久性的悬空飞桥。并且还在桥上铺设了木板，桥头又安放了大炮。

这一悬空飞桥比从前的浮桥更加进步，不管江中洪流

巫山小三峡

■ 巫山小三峡

如何汹涌，飞桥丝毫不受影响。所以，有的学者认为，白盐山崖壁上的所谓"孟良梯"的石孔，很可能就是这座飞桥的遗迹。

历史上瞿塘关曾有过多次"断江""锁江"的记载，所以这里又称为"江关"。一索横江，万舟断航，真可谓"瞿塘峡锁全川水"。

瞿塘关是横锁三峡中的第一峡古代三峡的交通，几乎全靠水路。船行峡中，过草堂河口，就可望见北岸的一段古栈道遗迹。

古代栈道在战国时代已有修筑记录。据《战国策·秦策》记载："栈道千里，通于蜀汉。"

《汉书·张良传》记载了张良替刘邦出谋划策，入蜀时烧绝栈道来迷惑和麻痹项羽，以致项羽误认为自己可以高枕无忧。后来韩信却"明修栈道，暗度陈仓"，出奇制胜，利用栈道做了一篇绝妙的文章。

古代的栈道遍布川、陕、甘、滇等省，三峡栈道主要在瞿塘关段。这段三峡栈道从白帝城沿岩脚纤夫道东行至大溪口，再转入南岸悬崖峭壁上，便可见到有一条断断续续的人工凿成的古栈道遗迹。这就是古时船夫拉纤以及陆上军事运输、客商行贾的唯一道路。

《战国策·秦策》是一部国别体史书。其主要记述了战国时期，秦国的纵横家的政治主张和策略，不仅展示了战国时代秦国的历史特点和社会风貌，而且是研究秦国历史的重要典籍。

三峡的栈道包括道路、石桥、铁链、石栏，宽二三米，高出江面数十米。据志书记载，在当年的栈道上，纤夫与轿工可以并行，就是夔州府官的八人大轿也能通过。

　　后来，古栈道上已经没有铁链，石栏也残缺不全，走在栈道上，头顶是悬崖欲坠，脚下是汹涌的江涛，奇险可畏，令人触目惊心。

　　三峡栈道与川、陕、甘、滇的栈道不同，它大部分是在绝壁上开凿的，路途中间用石桥跨过沟壑，坦坡极少，工程之艰巨非常人所能想象。

　　据古籍《夔州志》中的记载：

　　　　施工之始，工匠无从凭藉，乃对壁凿孔，旋炸旋凿，使千仞岩壁之腰嵌起五、六尺宽平坦路，纤、轿可并行其中。

　　为纪念这项巨大工程及其修建者，当年施工时，人们就在瞿塘关中江

三峡风光

三峡风光

千古要塞

南方的著名古代关隘

北岸的风箱峡岩壁上镂刻了"天梯津隶""开辟奇功"八个醒目大字。

这并不是当时人的自吹，因为这些栈道真正称得上是"天梯津隶"，而它的建设者则的确创建了绝壁上的奇功。

瞿塘关的古迹名胜还有它附近的天坑地缝。天坑地缝北靠瞿塘关，南接湖北恩施土家族、苗族自治州，东连巫山龙骨坡古人类文化遗址。

天坑地缝东西长37.5千米，南北宽19.5千米，面积340平方千米，辖天坑地缝、龙桥河、迷宫河、九盘河、茅草坝五大风景。

天坑是在西南部连绵的群山之中的一个巨大的坑洞。名叫"小寨天坑"，这个坑周围的悬崖峭壁十分陡直，好像斧砍刀削一般，绝壁中间围成的坑洞则犹如一张大嘴一样对着苍天，横亘在山间。这种奇异的自然景观，是大自然留给人们的神奇的造化之谜。

瞿塘关附近的这个天坑位于重庆的奉节，其坑口地面标高约1.3千米，深666.2米，坑口直径达622米，坑底直径达522米，是已知的最大的"漏斗"。

小寨天坑被地质学者评为"天下第一坑"，以它的惊险奇绝闻名于世。

小寨天坑在280平方千米的流域面积内存在着一个天坑群，共有硝坑天坑、冲天天坑、猴子石天坑等六个天坑。

这些天坑不仅巨大，其色彩也极其丰富。绝壁上的岩纹颜色奇特，红、黄、黑相间犹如一幅国画。飞禽在岩缝中飞进飞出、鸣叫、觅食，给这幅巨大的国画平添了几分生机。

站在瞿塘关附近的荆竹乡九盘河右岸山顶上俯瞰，可以看见几座山峰之间有一个深不见底的大坑，四面坑壁异常陡峭，在东北方向峭壁上，有一条羊肠小道，在竖直的石壁上盘旋环绕直至地心深处。

瞿塘关地缝中已开发的天井峡大桥至回头石段约5千米，有栈道自罗家坪下到地缝，形成环线。其间

■ 瞿塘关的天坑

地缝景区

景点星罗棋布，溶洞竖井多而怪异，萦绕着无数的传说故事。

两岸夹道的岩石千姿百态，岩壁上丛林遮天蔽日，森然欲合。

天坑地缝，是一幅绚丽多彩的丹青长卷，石林、溶洞、洼地、竖井……包容万象，应有尽有。

地缝天井峡一段，上部宽10米至30米，悬崖最深处达300米，是一条世界罕见的"一线天"景观。

同时，崇山峻岭中清澈碧透的涓涓溪流，原始草场和繁茂的森林，又组成了一个世外桃源般的人间仙境。

阅读链接

传说，在爱国诗人屈原投湖南汨罗江而去世之后，汨罗江里的一条神鱼十分钦佩和同情屈原，便张开大嘴吞入屈原的尸体，准备游过瞿塘峡，将屈原的遗体送往他的故乡秭归。

当神鱼游到秭归时，百姓们拥到江边，失声痛哭。神鱼也被感动，淌下泪来。泪水模糊了神鱼的视线，一不留神，就游过了秭归，直接撞到了瞿塘峡的滟滪堆，才猛然醒悟。

此时的神鱼已是精疲力竭，当地百姓纷纷涌到江边，向它投粽子，神鱼吃饱后，恢复体力，急忙掉头往回游，将屈原的遗体送到了秭归。

人们为了纪念屈原，就将神鱼从滟滪堆往回游的地方，叫作了"鱼复县"。

雄关内外风景的古老传说

相传在五六千年前，神州大地上发生了一次特大的水灾。滔天的洪水包围了群山，淹没了平原，大地一片汪洋，人们只好栖身在山洞里，或者在树上筑巢居住。

巫山风光

千古要塞

南方的著名古代关隘

■ 巫峡风光

尧 姓伊祁，名放勋，史称唐尧，原始社会末期的部落联盟长和上古帝王之一。唐尧在帝位70年，90岁时禅让帝位给舜，相传尧在118岁时去世。

舜 名重华，字都君，传说中的父系氏族社会后期部落联盟领袖和圣王。由于他非常孝顺又有处理政事的才能，经过很多年观察和考验后，被尧选定做他的帝位继承人。

当时，正处在原始部落联盟时代，部落联盟的首领尧，派鲧去治理这次洪水。鲧治水治了九年，他采取水来土挡、堵塞水路的办法，结果水位越堵越高，堤破决口，洪水再次泛滥，结果鲧的治水以失败告终。

尧去世后，舜继承了帝位。帝舜又派鲧的儿子禹继承他父亲未竟的事业，继续治理洪水，还派了商族的祖先契、周族的祖先后稷、皋陶等人去协助他。

禹总结了父亲鲧治水失败的教训，带领大家疏通江河，兴修沟渠，发展农业，最后成功治理了水患。

根据后人的记载，禹治理水害是从岷江开始的。他首先在汶山县的铁豹岭一带疏导岷江，然后凿开金堂峡口，也就是分流岷江水进入沱江，让它在泸县流入长江，从而减少进入成都平原的洪水。

整治好岷江后，禹又顺江东下到江州，娶了涂山氏做妻子，后来生一个儿子，取名叫启。然后，禹从江州东下来到了三峡，便开始疏浚三峡的工程。

根据我国西汉时期的论文集《淮南子》的记述，禹先是"决巫山，令江水得东过"，也就是凿开了堵塞江水的巫山，让长江的水能够顺畅东流。

然后，禹又凿开瞿塘关"以通江"，凿开西陵峡内的"断江峡口"，终于让长江顺利地通过三峡，向东流注入大海，解除了水患对长江中下游的威胁。后人尊敬他的功绩，就叫他大禹。

在瞿塘关附近有一山峰，一根巨石突兀于青峰云霞之中，仿佛一个亭亭玉立、美丽动人的少女，因此叫神女峰。据说，这座神女峰就是帮助了大禹疏浚三峡的神女瑶姬变化而成的。

传说，瑶池宫里住着王母娘娘的第二十三个女儿，名叫瑶姬。瑶姬聪慧美丽，心地善良，活泼开朗，耐不住天宫中的寂寞生活。有一天，瑶姬邀了她

《淮南子》又名《淮南鸿烈》《刘安子》，是西汉时期创作的一部论文集，因西汉皇族淮南王刘安主持撰写而得名。《淮南子》在继承了先秦道家思想的基础上，综合了诸子百家学说中的精华部分，对后世研究秦汉时期文化，起到了不可替代的作用。

■巫侠风光

■ 巫峡口风光

玉皇大帝 我国古代传说中最大的神，也是众神之皇。玉皇大帝除统领天、地、人三界神灵之外，还管理宇宙万物的兴隆衰败、吉凶祸福。因为有制命九天阶级、征召四海五岳的神权，所以众神都随侍左右。

身边的11个姐妹，腾云驾雾，遨游四方。

当她们来到瞿塘关一带时，正好看见有12条恶龙兴风作浪，搅得巫峡上空天昏地暗，百姓们被大风卷上了天空，房屋树木被飞沙走石打得稀烂，人畜死伤无数。

瑶姬看到12条恶龙为非作歹，十分生气。瑶姬用手一指，天上响起了惊天动地的炸雷，把12条恶龙炸成了千万段碎尸，纷纷落下地来。

可是，恶龙的碎骨堆成了一座座崇山峻岭，利刃般的山峰直插云霄，填满了河谷，堵塞了水道。江水急剧上涨，淹没了村庄、田野和城镇，眼看就要把四川变成一片汪洋大海了。

瑶姬情急之中想起了治水英雄大禹，连忙驾云去找大禹来帮忙。大禹听说后，一口气赶到巫山。他挥舞神斧，驱赶神牛，不停地开山疏流。

谁知恶龙化成的山石坚硬无比，怎么也劈不开。瑶姬被大禹治水的精神感动了，又邀请她的姐姐们下凡来帮助大禹开凿河道。她还回到天宫，向王母娘娘搬兵求救。

王母娘娘十分疼爱她的小女儿，就趁玉皇大帝午睡的时候，到他的宝库中找到了一本名叫《上清宝文理水》的天书，送给了大禹。

大禹得到宝书后，呼风唤雨，用雷炸，用电击，用水浇，很快劈开了三峡，疏通了积水。从此，四川变成了物产丰富的"天府之国"。

大功告成之后，瑶姬本来是要回天宫去的，但是，她看到还有很多恶龙尸骨化成的顽石隐藏在江水里，形成了无数暗礁险滩，来往的船只经常被阻或触礁沉没。

瑶姬放心不下，决定和她的11个姐姐一起留下来，为船工们导航。天长日久，12位仙女化作了12座山峰，耸立在幽深秀美的巫峡两岸。

由于瑶姬是12个仙女中的杰出代表，因此她立的山峰位置最高，每天第一个迎来朝霞，于是，便赢得了"望霞峰"和"神女峰"的美名。

对于大禹疏浚三峡的传说，不仅从各种文献记载上可以得到证

■瞿塘峡美景

明，而且诗人们也多以赞颂的诗句予以讴歌。

杜甫在《瞿塘怀古》的诗中写道：

疏凿功虽美，陶钧力大哉。

在瞿塘关所在的瞿塘峡绝壁上，有一个人工凿的方形石孔，一个接着一个，自上而下成"之"字形排列，如同阶梯，这是孟良梯。关于孟良梯的由来，这里还有一个传说。

孟良，是北宋年间跟随杨家将一同抗辽的名将。当他听说北宋名将杨继业的尸骨，就被埋在白盐山腰的望乡台上之后，就决心将杨继业的遗骨带走，回乡安葬。

于是，每到晚上，孟良就悄悄地架着小舟进入瞿塘峡，在绝壁上凿石穿孔，插入铁钎，架木为梯，攀缘而上，直到天色麻亮方才停止。

后来，人们就把瞿塘关旁边的这一之字形石孔称之为孟良梯。

阅读链接

瞿塘峡的黄陵庙碑刻名闻千古。相传黄陵庙是春秋时为纪念神牛助禹开江所建。黄陵庙的六棱石碑上有一篇《黄牛庙记》，相传是三国时诸葛亮由水路入蜀，路过黄陵庙时亲自撰写的。

黄陵庙保存的各种历代碑刻近百通。从时代看，它上自汉代，下至清朝；从碑形看，有六棱石幢、穿孔圭碑与二龙戏珠帽碑，还有附础七寸碑。

从碑的性质与内容看，更是丰富多彩，有歌功颂德的功德碑，有刻乡规民约的诫碑，有写景状物的诗碑，更有修缮庙宇的记事碑，还有记录长江洪水与治理情况的水文碑。

碑文体裁，诗、词应有尽有，书法则兼具隶楷行草。

文人墨客吟咏诗篇称赞古关

战国时的辞赋家宋玉为瞿塘关的神女峰，写下了一篇耐人寻味的《神女赋》：

茂矣美矣，诸好备矣。盛矣丽矣，难测究矣。上古既无，世所未见，瑰姿玮态，不可胜赞。其始来也，耀乎若白日初出

■长江三峡神女峰

■巫山风光

照屋梁；其少进也，皎若明月舒其光。

须臾之间，美貌横生：晔兮如华，温乎如莹。五色并驰，不可殚形。详而视之，夺人目精。其盛饰也，则罗纨绮绩盛文章，极服妙采照万方。

振绣衣，被袿裳，秾不短，纤不长，步裔裔兮曜殿堂，忽兮改容，宛若游龙乘云翔。嫷披服，侻薄装，沐兰泽，含若芳。性合适，宜侍旁，顺序卑，调心肠。

初唐四杰 唐代初期四位文学家王勃、杨炯、卢照邻、骆宾王的合称，简称"王杨卢骆"。初唐四杰是初唐文坛上新旧过渡时期的人物。四杰齐名，指其诗文而主要指骈文和赋而言。初唐四杰的诗文扭转了当时的文学风气，题材广泛，风格清俊。

这篇诗文用细腻的笔触描绘出了化身为神女峰的瑶姬，这位隐身云烟、姗姗来临的美丽女神。《神女赋》侧重在写神女初临时，给宋玉带来的印象，妙在从虚处落笔。

赋辞部分侧重在对神女的容貌、情态作精工细雕的刻画，读来令人更加令人回肠荡气和思致绵远。

后来，到了唐代，"初唐四杰"中的杨炯作为第一个全面咏诵三峡的诗人，就是从咏瞿塘关开始的。他在《广溪峡》的诗中写道：

> 广溪三峡首，旷里兼川陆。
> 山路绕羊肠。江城镇鱼腹。
> 乔林百丈偃，飞水千寻瀑。
> 惊浪回高天，盘涡转深谷。
> 汉民昔云季，中原争逐鹿。

广溪峡就是瞿塘关所在的瞿塘峡。目睹瞿塘关的雄伟气势之后，杨炯很自然联想起刘备、诸葛亮等人的功业，不由得感叹山河之险不是国家安全的保障，朝廷政治的清明与否才是最重要的因素。

诗中描写的贾生，指的是西汉文学家贾谊。当年，贾谊曾在给皇帝的奏疏中，就写到了"可为痛哭者一，可为流涕者二，可为叹息者六"的话。诗人借贾生之哭，表明自己对蜀汉过往的叹息。

725年，李白通过巴渝进入长江三峡。这次出蜀远游，是李白与三

瞿塘峡沿岸风光

■ 瞿塘峡沿岸风光

峡第一次结缘。一路上，三峡壮丽的风光与青年诗人壮志凌云、意气风发的心绪，可以说是情景交融。

于是李白写下了《自巴东舟行经瞿塘峡，登巫山最高峰，晚还题壁》的诗，其中有这样的诗句：

> 江行几千里，海月十五圆。
> 始经瞿塘峡，遂步巫山巅。
> 巫山高不穷，巴国尽所历。
> 日边攀垂萝，霞外倚穹石。

豪放派 宋词风格流派之一，与婉约派并为宋词两大词派，代表是苏轼、辛弃疾。豪放派的特点大体是创作视野较为广阔，气象恢弘雄放，喜用诗文的手法、句法写词，语词宏博，用事较多，不拘守音律，然而有时失之平直，甚至涉于狂怪叫嚣。

这首诗淋漓尽致地刻画了瞿塘关一带高峻壮丽的面貌，完全可以和他后来创作的《蜀道难》相媲美。

李白也曾瞻仰过当年宋玉吟咏过的神女峰，并留下了一篇名为《宿巫山下》的诗文：

昨夜巫山下，猿声梦里长。

桃花飞绿水，三月下瞿塘。

雨色风吹去，南行拂楚王。

高丘怀宋玉，访古一沾裳。

昨夜在巫山下过夜，满山猿猴，连梦里都仿佛听到它们的哀啼。桃花漂浮在三月的绿水上，我竟然敢在这时候下瞿塘。

疾风将雨吹至南方，淋湿楚王的衣裳。我在高高的山冈，怀念那宋玉，为什么给楚王写出那么美丽的文章，看到这古迹，让我热泪满眶。

著名的北宋豪放派词人苏轼也为秀丽的巫山留下了一篇辞趣翩翩的诗赋《巫山》，其中有这样的诗句：

瞿塘迤逦尽，巫峡峥嵘起。

连峰稍可怪，石色变苍翠。

天工运神巧，渐欲作奇伟。

块轧势方深，结构意未遂。

巫侠风光

旁观不暇瞬，步步造幽邃。

苍崖忽相逼，绝壁凛可悸。

　　巫山之美也被苏轼之后的诗人传颂。1627年，清初诗人王士祯受命主持四川乡试后，乘船回京城，途经巫山。他游了高唐观，拜谒神女祠。写下了《登高唐观》和《神女庙》。《登高唐观》诗中写道：

西上高唐观，阳云对阳台。

瑶姬何处所，望远独徘徊。

恍忽荆王梦，芳华宋玉才。

细腰宫畔柳，并作楚人哀。

阅读链接

　　瞿塘关所在的瞿塘峡是长江三峡之一，也是当地石刻历史最悠久、名人名作最集中的一处。

　　据《旧唐书·白居易》记载，著名诗人白居易曾与其弟白居简同行，在夷陵遇上友人元稹。三人同游后，在一个洞内饮酒赋诗题壁，并由白居易作《三游洞序》写在洞壁，从此那个石洞就叫作三游洞。

　　又据《宋史·文苑传》记载，著名文学家苏洵、苏轼、苏辙父子自眉州到汴京，途经夷陵时欣然登陆游洞，赋诗唱和。因此，有"前三游"和"后三游"的说法。他们的赋诗、题刻后来还在。

　　此后，欧阳修、黄庭坚、陆游等名家，明清两代的文人墨客都曾相继来寻胜游洞，赋诗题字都镌刻在洞壁上。

梅关，古称秦关，又称横浦关，宋时立关于梅岭，刻有"梅关"两字，遂称梅关。

梅关坐落在广东南雄梅岭顶部，两峰夹峙，虎踞梅岭，其如同一道城门将广东、江西隔开。

梅关历来是南北交通要道，也是兵家必争之地，具有南雄"居五岭之首，为江广之冲""南北咽喉，京华屏障""岭南第一关"的称誉。

千百年来，在梅关及其周围一带发生了许多有影响的历史事件。这些事件书写了一幅波澜壮阔的梅关历史。

虎踞梅岭

广东梅关

秦王为进岭南命人建横浦关

相传，在战国时期，大批越人迁往五岭之南，五岭包括大庚岭、骑田岭、萌渚岭、都庞岭、越城岭。其中一支以梅绢为首的越人，翻山越岭来到大庾岭上，被眼前的岭南风光所吸引，决定在这一带安营扎寨，他们发扬了越人勇敢顽强、刻苦坚韧的民族传统，艰苦创业，使这带迅速兴盛起来。

秦始皇画像

因为梅绢是为首率队的拓荒者，后来又因破秦有功而受项王封为十万户侯，因此，后人们就把这一带称之为梅岭。

梅岭自从被越人开发后，便成了中原汉人南迁的落脚点，中原文化逐步在梅岭生根开花，并

■ 秦始皇封禅泰山

向岭南传播开去。梅岭地势险要，易守难攻，为粤赣交通咽喉，兵家必争之地。

公元前221年，秦始皇统一六国后，制定出对国境北方筑长城以防御匈奴，对国境南方则开关辟道，积极筹划治理岭南的策略。

但是，连绵不绝的五岭山脉，是岭南与中原之间巨大的屏障，也是历朝中原帝王，迟迟无法统一岭南的主要障碍。

公元前218年，秦始皇派遣武将屠睢统率五军，南征百越。越人出没在五岭丛林之中，依山还击。加之岭南的山路崎岖，粮饷转运十分困难，以致秦军受到重创。

为了解决秦军的后勤补给问题，秦始皇找来监御史史禄，给他10万人力，让他在广西兴安县境内修建

匈奴 是历史悠久的北方游牧民族，祖居在欧亚大陆，是古北亚人种和原始印欧人种的混合。古籍中的匈奴指的一般是汉朝时称雄中原以北的强大游牧民族，前215年被逐出黄河河套地区，历经东汉时分裂，南匈奴进入中原内附，北匈奴从漠北西迁，中间经历了约300年。

灵渠 古称秦凿渠、零渠、兴安运河、湘桂运河，位于兴安境内，于公元前214年凿成通航。灵渠流向由东向西，将兴安东面的海洋河和兴安西面的大溶江相连，是最古老的运河之一，有着"古代水利建筑明珠"的美誉。

郡 古代的行政区域，创建于战国时期。在秦代以前，郡的面积比县小。而到了秦代后期，郡的范围比县大了，也被称之为郡县。至汉代时，又增了46郡，21国，凡郡国103个。

■ 灵渠人工渠

一条人工运河，以便转运粮饷。

四年后，这条人工运河终于凿成通航。后来，汉代马援、唐代李渤、鱼孟威又继续主持修筑运河。

这条人工运河被称为灵渠，连接了湘漓两水，沟通了长江和珠江水系，联通了我国南部的水运网，使秦军的粮草补给和兵源补充问题得到了解决。

灵渠修建后，秦始皇又派遣任嚣、赵佗等率兵攻取南越，终于取得了成功。秦始皇随即设置了桂林、象、南海三郡，任命任嚣为南海尉，赵佗为龙川令，并把50万人发来戍守五岭。

为进一步进入岭南，公元前213年，秦始皇又派遣官兵在五岭开山道筑三关，也就是横浦关、阳山关、湟溪关，打开了沟通五岭南北的三条孔道。其中的横浦关，就筑在大庾岭东段的梅岭顶上，也就是梅关。

横浦关也称秦关，它打开了沟通南北的通道，成为最早的梅岭古道。虽然这条路面崎岖不平，乱石

到处都是，但起码可以过人。五岭之中第一条较像样的山道就这样诞生了。从此，每天都有人从梅岭古道走过。

后来，到了汉朝初期，杨朴将军的前锋将领庾胜冲锋陷阵，英勇骁战，为汉朝一统江山立下了汗马功劳。汉武帝为表彰庾胜将军，封他驻守台岭，把守梅岭。

庾胜驻守梅岭后，在这里修建兵营，日夜把关，并热心传播中原优秀文化和先进的耕作技术，造福这里的百姓，深受当地百姓的爱戴。因他排行老大，所以人们叫他为大庾。后人为纪念他的功德，在这里建立他的祠堂，并把他驻守的台岭改称为大庾岭。

秦汉以后，历经三国、两晋以至南北朝，梅岭南北，战争仍甚频繁，梅关日显重要。隋朝统一全国后，为确保南疆安全，于590年设置了大庾县，后改为镇。

阅读链接

梅岭上有一通石碑，碑长2.7米，宽0.6米，上书有4个字："重来梅国。"重来梅国石碑立于清朝同治年间，是梅岭比较著名的古迹之一。

这通石碑是在1268年，南宋咸淳年间，新来的太守赵孟适早听说梅岭梅花之名，上任后就到梅岭观赏梅花。

当时正值腊月，下了鹅毛大雪，梅花绽放，山上山下茫茫一片，白雪覆盖的梅岭，分外妖娆，看到这幅景象，赵太守当即叫人拿来纸笔，亲手题写下了"梅花国"的字图。从此，后人就把大庾县称为"梅国"。

唐朝重臣建议开辟梅岭驿道

    唐朝的经济空前发展。当时的岭南经过了数百年的开发，早已不再是荒蛮之地。特别是广州，已经成为海上运输的物资集散地，而"水陆联运"的梅岭古道，自然成为广州与中原之间的最佳通道。

唐玄宗李隆基塑像

这条如此重要的道路，在当时仍然只是一条弯弯曲曲的羊肠小道。车马无法通行，货物只能以人力背负。由于货物量增加，梅岭渐渐不堪重负。

716年，唐朝重臣张九龄向唐玄宗李隆基奏请开凿"大庾岭新路"，改善南北交通。这个建议马上得到了唐玄宗的赞同。

据说，张九龄年轻时进京科举考试，经过梅岭时看到这里只有一条崎岖的羊肠小道，小道上有许多商人非常吃力地挑着担子过往梅岭。这种景象深深地印在他的脑海中，当时他就下了决心，要在梅岭开出一条通往四海的大道。

张九龄最终选择了一条由大庾到南雄距离最短的路段，这条路比秦朝古道缩短了4千米。为了缩短这4千米，张九龄动用了大量人力，生生在大庾山梅岭的石壁上劈出一道高约40米、宽约10米、深约60米的大壑，铺出一条用片石嵌就，宽约6米、长10余千米的穿山驿道。

两年之后，梅岭古道告别了"人苦峻极"翻山越岭的境况，变成了可并行两辆马车的大山路，两旁更是移植了大量的梅花。它北接江西章水，南连广东浈江，好像一条彩带，把长江和珠江连接起来。

之后，为了方便过往官员和商旅，唐朝还在驿道沿途修建了驿站、茶亭、客店、货栈等，使过往的人有宿有息，如坻京城。人们只需骑马行45千米的陆路，就可以从长江水系转入浈江，进入珠江水系。

这条路的修建使梅岭一线真正成为沟通南北的商贸通道，并促成了著名的"海上丝绸之路"的出现。

从此，大唐帝国丰饶的物产，特别是享誉世界的丝绸、茶叶、药材、工艺品等从这里运往海洋，走进南亚、中东直至遥远的欧洲，来自各国以至岭南的物产也从这条通道驰往中原。

盛唐时期，尤其是明、清时期，南来北往路过梅关驿道的商旅、挑夫"日有数千"，直到清末粤汉铁路修筑之前，梅关驿道都是沟通长江流域和珠江流域最快捷的通道。

关于张九龄开通这条驿道，还有一个传说呢！

传说，张九龄主持开凿扩展梅关古道，一连开了七七四十九天，但工程却毫无进展。因为白天凿开的

■广西兴安灵渠

■ 古代海上丝绸之路模型

石头，晚上又会神秘地自然合拢。张九龄十分惊讶，却也没有办法。在第四十九天的夜晚，张九龄登上梅岭峰巅，对着夜色昂头长叹。

突然，山上出现了一位童颜白发的老翁，向张九龄走来，对他说："大人，这里是山神所管辖的地方，要用孕妇之血祭祀才能破开，否则，任您再干10年，也是白费力气。"说完，这位老人就消失了。

张九龄虽然得到了开石凿路的方法却又不知道在哪能找到一名愿意献出鲜血祭祀山神的孕妇，因此整日愁眉双锁、闷闷不乐。

张九龄的夫人知道这件事情之后，心想：我正是快临盆的孕妇呀！难道天意要我成全相公修路的大业吗？于是她偷偷地在神石旁洒下了自己的鲜血，使得神石得以离开，道路最终开凿完成。

山神 我国古代神化传说中由山岭变化而成的神灵。山神不一定指神仙，也指各种依附于山的鬼怪精灵。相传山神与山息息相关，有时会化成人形为山岭除灾解难。我国古代历代天子封禅祭天地时，也会对山神进行大祭。

后来，当地老百姓为了纪念张夫人的功绩，就在神石原来在的地方修建了庙宇，名字叫"夫人庙"，世代供奉纪念。

张九龄除了开凿出梅岭驿道以外，还在梅岭驿道上修建了一条重要的桥梁——接岭桥。

它坐落在地形险峻、溪深水急的梅山上，为单孔石拱桥，桥长8.5米，宽3.65米，拱高1.3米，由麻条石砌成。

后来，明代弘治年间朱华曾捐资重建过，当时郡守为它作记，并命名为"接岭桥口"。

梅岭驿道上还有个梅岭驿馆，位于梅岭北坡山脚下的接岭桥东面。坐东朝西，是仿古建筑，分为两部分，前部为曲折走廊，后部为数根立柱组成的半圆形房屋。走廊与房屋间，形成半圆形院落。大门为歇山

■ 梅岭

顶，黄色琉璃覆盖，红色漆粉柱，
楹联写着：

　　剪取南安半江水；
　　即是梅城一岭花。

■杜牧塑像

　　唐朝诗人杜牧曾写过"一骑红
尘妃子笑，无人知是荔枝来"的诗
句，叙述唐玄宗为他宠爱的杨贵妃
诏令八百里快骑，把新鲜的荔枝从
岭南飞马传送到长安以博贵妃欢心的典故。

　　据传说，岭南荔枝就是经这个驿站传到长安的。

阅读链接

　　梅关一带的妇女有戴头帕的习俗，关于这种习俗的由来，
还有一段传说呢！

　　据说，一天吕洞宾骑着白马在梅关溜达。他看到一农夫插
秧，就问："你一天可以插几千几万行呢？"

　　农夫难以对答，吕洞宾含笑而去。回家后，农夫把这事告
诉了妻子。第二天，农夫的妻子也随农夫一起去插秧。

　　果然，吕洞宾又来了。他又问："你究竟一天能插上几千
几万行？"

　　农妇伸直了腰，笑吟吟地回答："你的马儿一天能跑几千
几万个足迹？"

　　这一问，反使吕洞宾哑口无言。他说："民家女，真聪
明，来来来！仙家赏给你一条头帕。"

　　说完便腾云驾雾而去。后来这种头帕就在梅关一带广泛流
行了起来。

宋代官员派人重建关隘关楼

秦始皇时期，在梅岭修通南越道，筑横浦关，并有军队守关。那时的横浦关关楼正是梅岭最早的关楼。后来因为年久失修，这个横浦关关楼倒塌了。

■梅岭建筑

唐代的张九龄虽然凿通了梅岭驿道，却因为是太平盛世，经济繁荣，在梅关驻守的军队时有时无，因此也没有修筑关楼。

到了宋代，朝廷在这里设置了南安军，强化了章江漕运及盐粮茶等专营物资的运输管理。

1063年，南安知军蔡挺在梅岭驿道口建筑关楼，两层建筑，并命名为"梅关"，梅岭驿道也随之被改称为了"梅关古道"。

■ 梅岭小路

蔡挺还和他的哥哥广东转运使蔡抗协议，以砖石分砌南北岭路。从此，这里就有"唐凿路、宋立关"的说法。

梅关古楼俗称"一脚踏两地"。这里石壁对峙，地势险要，有"一夫当关，**万夫莫开**"之势，又是南北来往的重要关卡，所以历来是兵家必争之地。

后来的梅关关楼是宋朝建立的，有上千年的历史。因为历代以来的战争原因，梅关的关楼累圮累修，关楼上层倒塌，仅存关门。

在城楼北面的城门上，有个石碑刊刻的是"岭南第一关"五个大字，落款是明万历南雄知府蒋杰书。关楼的北面东侧是登关楼的唯一通道。

西侧竖立着一块赭红色大石碑，上面刻有"梅岭"两个大字，碑高2.7米，宽1.2米，为清康熙年间知府书题，字迹刚劲有力。

梅关关楼的城门南北两方都有石匾，南面石匾阴

蔡挺（1014—1079），字子政，宋城今河南商丘人。1034年进士，官至直龙图阁，知庆州，屡拒西夏犯边。神宗即位，加天章阁待制，知渭州。治军有方，甲兵整习，常若寇至。1072年，拜枢密副使。谥号敏肃。魏泰《东轩笔录》卷六称其词"盛传都下"。

客栈 古代酒店的称号，人们在出外远行时便会找地方投宿，而提供这些地方供人暂住的就称为客栈。早期客栈只供应基本的食宿，没有提供消遣服务。随着古代商业贸易的日益蓬勃，远行贸易的商人越来越多，客栈的数量随之而增。因为当时人们远行主要是靠步行或是乘马车，因此，客栈主要出现于道路或驿站旁。

刻的是"南粤雄关"四个大字。城门两侧则一副有对联写着：

> 梅止行人渴；
> 关防暴客来。

相传题写这副对联的是清光绪年间，闽南的一个叫李化的商人。一个商人怎么会为梅关写对联呢？这里边还有一个故事呢！

李化出生在一个家道殷实的商人家庭。他的父亲历经磨难，挣下一份产业，企盼儿子用功读书。然而，李化虽然资质聪颖，却生性顽皮好动，不肯读书。

有一天，李化的父亲接到一位要好朋友的信，好友说他在广东韶州做生意，特邀请他去一同经商。

可李父不想去，便让儿子代父前去，跟他学做生

■ 梅岭古道

意，将来好图个发展。

李化正嫌家中无聊，就十分高兴地答应了。

几天后，李化带了一个仆人，挑着货物上路了。抵达南安后，由于旅途劳累，没有细细打听梅岭的情况，就早早安歇了。

第二天清早，李化与仆人行至梅岭驿站时，驿使告诫他们说，有些饥民上山为匪，时常抢劫财物。

李化不以为然，但当他们走到梅岭一个山坳时，从山上冲下一伙强盗，将他俩推倒在路旁，挑起货物就走，一会儿就不见踪影了。

李化十分懊悔，带着仅剩的一点盘缠空手往韶州而去。到达目的地后，李化父亲的朋友安排他在店中做事，亲自教李化如何识货、调货等经验。由于李化思乡心切，就选购了一批货物带回家。

因货物较多，李化就请了镖师陪同押送过梅关。正因为这样，终于安全通过梅岭到达南安府。

李化在南安逗留时，在客栈想起自己经过梅岭的情景，经过一番斟酌，提笔写下"梅止行人渴；关防暴客来"这副对联，然后委托店家转交当地府衙，其言下之意是希望官府加强梅岭驿路的防盗安全。

后来，为告诫南来北往的客商，就有人将李化拟就的对联题写在了梅关关楼上，用来警示后人。

在梅关关楼处，还有众多的梅树，据说，这是北宋时的一位女诗人种上去的。当时，这位女诗人随父去广东英德任职，经梅岭返家时，她发现梅岭的名梅很少，就捐种了30棵种在路旁。

南宋时期，南安知军管锐也在梅岭大量种植梅，以使梅岭名副其实。不到百年后，又一位南安知军赵孟适发现梅岭上下驿道尽是梅，就题写了"梅花园"三个字。那时的梅岭已经是漫山遍野的梅花盛开，清香袭人了。

到了元明两代，南安和南雄地方官也曾多次在梅岭种植松梅，以符其名，正德年间一度补植梅。

梅岭驿道在明清时，曾几经维修扩建，更趋于平坦宽阔。其中尤以1479年时，南安知府张弼雇用人力的扩修规模最大，质量最高。

由张弼主持修筑的路面，从县城驿使门至梅关约13千米，全以鹅卵石铺设，并用长条青石固定其边幅。同时，遇水则架桥。

到了1840年后，梅岭驿道日趋衰落。最后只有岭下广大桥至梅关一段保留了下来，这段驿道路面最宽处有4.5米，最窄处也有3.5米以上。

阅读链接

梅关附近有座望梅阁，原称望梅亭，最初建于宋代。

望梅阁位于梅关北部山坡，距驿道25米处，倚石壁而建。阁楼分为两层，高6米，底层2.5米，为开放型廊柱式结构。

阁楼的上层，西半段为东西向长廊，长约7米，宽4米，两边有栏杆，水泥长凳可供游人息坐，两根红色立柱上写有一副对联：红白花开两样雪；往来人占半边山。

入阁正门写着"望梅阁"题匾。东半段为双重檐正方亭，边长4.7米，亭柱联为：珠帘幕卷西山雨；阁道回看梅岭花。

梅岭上的秀丽景色与古迹

　　梅岭是江西同广东的分界线、分水岭。这里地势险要，奇峰叠秀，而且山峰连绵不断，逶迤数百里，把江南天空一分为二，所以地理学家们把这里称为"一山分割两边天"。

梅岭风光

■ 梅岭风光

宋之问（656—712），初唐时期的著名诗人。宋之问多才多艺，不仅"富文辞，且工书，有力绝人，世称三绝。"宋之问在世时与沈佺期齐名，其诗多为应制之作。在艺术形式上，宋之问的诗以属对精密、音韵协调见长，大多词采绮丽，对仗工整，对律诗体制的定型颇有影响。

在古代，这里不仅仅是地理上的分界线，它还是两个古代民族、两种不同文化区域的分界线。梅岭北面属于中原地区汉民族居住的区域，归属于比较发达的汉族文化；梅岭南面则是古代南部边疆民族居住的区域，属于边疆民族部落文化。

两个民族、两种文化在梅岭交汇相融，使这里积淀了浓厚的文化底蕴，造就了特有的历史文化风情。

梅岭自古以来以梅花著称于世。自西汉初年，梅岭就开始种植有梅树，至少有2000多年的历史了。几经岁月兴衰变迁，后来的梅岭山上山下，古道两旁，梅树拥簇，红梅、白梅交织在一起。

尤其是寒冬腊月，银装素裹、白梅开放、傲雪斗霜，红梅展妍、清香四溢，点点飞红、娇艳迷人，吸引着无数游人为之流连忘返。

历代以来，许多文人骚客为之挥毫泼墨，题词赋诗，使梅岭留存下众多的咏梅佳句。

三国时期的东吴大将陆凯曾奉命率军前往海南。当他途经梅岭时，留下了一首《赠范晔》诗：

> 折梅逢驿使，寄与陇头人。
>
> 江南无所有，聊赠一树春。

据考证，这是最早赞叹梅岭梅花的诗句，他开创了梅岭梅文化的先河。后人在梅岭修建了一座"折梅亭"，以示对陆凯的缅怀纪念，这就是后来"一枝春"赞誉梅花的由来。

根据记载，历史上众多文人学士因为触怒权贵，抗击朝廷，被贬官去职，发配岭南，他们途经梅岭时，都对这里的梅花景色赞叹不已。

唐初诗人宋之问曾被贬泷州。当他南下登上梅岭时，北望中原，顿生去国离家之感。梅岭夹道盛开的梅花，引起他无限思绪，满怀悲怆，写下了《度大庾岭》：

> 度岭方辞国，停轺一望家。
>
> 魂随南翥鸟，泪尽北枝花。
>
> 山雨初含霁，江云欲变霞。
>
> 但令归有日，不敢恨长沙。

■ "两江亭"碑刻

梅关古道是古代连接长江、珠江水系最短的陆上交通要道。"两江亭"取名即蕴含此意。由"长江亭"、"珠江亭"组成的"两江亭"座落在梅关古道粤赣两省交界海拔高度522.5米的山巅上，取意"四面八方"。亭建筑面积280平方米，高9.5米。为两层建筑，底层为八角，楼层为四角。

■ 苏东坡蜡像

以往，宋之问的五言诗向来追求形式艳丽，多为宫廷宴乐而写。但是因罪贬谪以后，在颠沛流离中的宋之问思想感情有了很大变化，写了不少好诗，《度大庾岭》就是其中一首。一句"泪尽北枝花"，摧肝裂肺，感人至深。

在此之后，北宋著名的大词人苏东坡也曾经被贬谪到海南儋州做官。他经过梅岭古驿道时题吟了好几首梅花诗，其中最有名的是《庾岭梅花》，诗中写道：

> 梅花开尽杂花开，过尽行人君不来。
> 不趁青梅尝煮酒，要看细雨熟黄梅。

由岭梅、行人想到故人，由花落、梅熟想到与亲友相聚，别有一番滋味在心头。

苏东坡由岭南流放地北归，走过古道，登上梅岭，又写下了《赠岭上老人》：

> 鹤骨霜髯心已灰，青松合抱手亲栽。
> 问翁大庾岭头住，曾见南迁几个回。

南宋理学家朱熹云游岭南，在梅岭时正值岭梅盛

朱熹（1130—1200），小字季延，字元晦，号晦庵，称紫阳先生，是南宋著名理学家、思想家、哲学家、教育家、诗人、闽学派的代表人物，世称朱子，是孔子、孟子以来最杰出的弘扬儒学的大师。承北宋周敦颐与二程学说，创立宋代研究哲理的学风，称为理学。

开，就赋诗《登梅岭》一首：

去路霜威劲，归程雪意深。
往还无几日，景物变千林。
晓磴初移屐，密云欲满襟。
玉梅疏半落，犹足慰幽寻。

一幅风雪探梅图跃然纸上。唐宋年间，统治者把岭南作为流放刑徒之地，不少有识之士因罪流放岭南。当他们经过梅关古道时，古道、虬松、岭梅、家事、国事、天下事，触景生情，不禁怆然涕下。

江湖派诗人戴复古是浙江天台人，大江南北的梅园胜景都游览尽了，久慕梅岭的梅花，别有风采，便不畏长途跋涉，到梅岭来赏梅。他的绝句《题梅岭云

■ 苏东坡手迹

■ 红梅花

封四绝》中的一绝写道：

> 东海边来南海边，长亭三百路三千。
>
> 飘零到此成何事，结得梅花一笑缘。

可见他对岭梅的向往之情何等热切。

宋代，以梅岭为题的名画也不少。清嘉定曹仁虎，乾隆进士，曾欣赏一幅宋人绘的岭梅图，因作《题宋人岭梅图》长诗一首：

> 此图宋代推好乎，疑识惜少冰条衔。
>
> 当年曾入格天阁，金题玉躞深藏缄。
>
> 故人寄示梅花卷，千树万树围重岩。
>
> 恍疑置身大庾岭，丹岩碧嶂高巉巉。
>
> 山中腊后花信早，雨雪几日飞有态。
>
> 此时枝头忽破萼，冰魂不畏春寒严。
>
> 断云高低望杳霭，落月远近迷磐岩。

文天祥（1236—1283），字履善，又字宋瑞，自号文山，浮休道人。汉族，吉州庐陵人，南宋末大臣，文学家，民族英雄。1256年进士，官到右丞相兼枢密史。著有《过零丁洋》《文山诗集》《指南录》《指南后录》《正气歌》等作品。

清香未容俗客到，冷蕊时有幽禽碧。

鸲整斜疏密各态，纷纷桃李皆卑凡。

由此可见宋代岭梅风姿烂漫之一斑。

曾官拜宋末右丞相的文天祥，在44岁那一年被元兵押送燕京，取道梅岭。到了南安军后，文天祥被锁在舟中。

舟外江面，漫天凄雨，而浮现在他脑海里的却始终是梅关傲雪的红梅，如同他爱国报国的赤胆忠心。一首名作《南安军》于是诞生了：

进士 意为可以进授爵位之人。古代科举制度中通过最后一级朝廷考试的人，就叫作进士，是古代科举殿试及第者之称。唐朝时以进士和明经两科最为主要，后来诗赋成为进士科的主要考试内容。元、明、清时，贡士经殿试后，及第者皆赐出身，称进士。

梅花南北路，风雨湿征衣。

出岭谁同出，归乡如不归。

山河千古在，城郭一时非。

饥死真吾志，梦中行采薇。

■梅岭村庄建筑

■ 六祖寺全貌

千古要塞

南方的著名古代关隘

明代书法家张弼是明成化二年的进士，曾在南安府做知府，他来南安的第二年就离任。他在江苏太湖畔与朋友赏梅时想到在梅岭赏梅的情景，就写下了一首《自题红梅诗》：

去年南郡赏元宵，歌舞声中度画桥。

烂漫新诗谁记得，红梅云落路遥遥。

梅岭的梅花，不仅数量多，满山遍野，有"梅国"之誉，而且由于气候原因，曾出现过同一枝梅树"南树凋零，北枝始开"的奇特景象。

虽然这一景象后来难以见到了，但奇怪的是，同是一座山，越过关口的广东年年种梅树，但梅树就是不开花。这也是梅岭的奇景之一。

由梅关向南沿驿道下约200米处东侧有一座建筑精巧的六祖庙，相传，这是唐代为纪念六祖慧能途经梅关而建的，历代均有修葺。

悬山顶 又称"悬山""挑山"或"出山"，屋面有前后两坡，而且两山屋面悬于山墙或山面屋架之外的建筑，称为悬山式，是我国古代建筑的一种屋顶样式，悬山顶有利于防雨，等级上低于庑殿顶和歇山顶，只用于民间建筑。

后来重修后的为砖木结构，宽4米、深5.8米，悬山顶，盖灰色板瓦。关于这座六祖庙，还流传着一段佛家故事呢！

六祖是指佛家禅宗六相慧能，也是广东"南华寺"的开山祖，达摩在我国的第六代传人。

相传武则天时，禅宗五祖弘忍圆寂前想在众僧中选一法嗣，于是宣布要每个从僧都作一偈，并许诺说："谁的偈能参透佛的要义，我就把衣钵袈裟传给谁，成为六祖。"

大弟子神秀因为平时总得到五祖的器重，自以为六祖非他莫属，于是很快便作了一偈道：

身是菩提树，心如明镜台。

时时勤拂拭，莫使有尘埃。

大弟子神秀的这首偈公布后，其他和尚都认为他

■六祖惠能寺牌坊

■六祖寺寺门

的偈好，点破了修炼的方法，赞叹不已。然而，有一个不太识字的和尚慧能，这时却冒出来，针对神秀的偈，也写了一偈道：

菩提本无树，明镜亦非台。

本来无一物，何处惹尘埃。

五祖看后，认为慧能悟到了佛性，决定把衣钵袈裟传给他。

但是慧能出身低微，平时在寺里只是个打杂的和尚，五祖因此担心神秀可能会不服气，就在圆寂前，秘密地把衣钵袈裟传给了慧能，并嘱咐慧能马上离开，三年内不得出来弘法。

果然不出所料，第二天五祖圆寂后，神秀发现衣钵袈裟已被慧能拿走，立即招来武僧慧明追赶慧能。

慧能离开寺院后日夜兼程，走到了梅岭。当时正值暑热天气，慧能上到山顶时已筋疲力尽，想找点水喝，可是高山之上哪里会有水呢？

正着急的时候，慧能把锡杖往地上一顿，说道："天不绝吾也！"

说也奇怪，他这锡杖一顿，地缝中便冒出了一股清泉。六祖喝后感到甘洌清甜，一身清爽，正要启程赶路，却见慧明已经追上山来。自知不是慧明对手的六祖马上把袈裟衣钵等物放在一块大石上。

然而慧明用尽力气也拿不动这些物品，这时慧明也有所感悟，自知不该取这些法物，又见慧能诚实，便对他说："你赶快走吧，后面还有追兵。"然后自己往回走，并对后面追赶的和尚说："慧能已不知去向，不必再追赶了。"

因此，慧能才从梅关脱险。

过了很久，慧能回到家乡，隐居了16年后才公布身份，成为六祖。传说慧明和六祖相遇之后，没有回寺庙，而是另找了一处山寺，自己修炼去了。

为了纪念六祖在梅岭的这段遭遇，后人便在慧能当年喝水的地方兴建了六祖庙。

除了美丽的梅花，古枫也是梅岭的一大景观。梅岭有三棵站立在驿馆前的千年古枫。这三棵枝杆挺拔、叶茂如盖、郁郁苍苍的古枫大

梅花景观

■漫山梅花

树高耸入云，尤其是驿馆西侧的那棵古枫，几乎遮住了半个山岭，树高约40多米，树径两三个人才能合抱。

而驿馆下边，云封寺前的两棵古枫高近40米，左右耸立在寺前坪地上，像一对守候着山门的卫士，十分壮观。

古枫是驿道的历史见证，是梅岭的一道亮丽风景线，它那蓬勃盎然的生命力，使历代文人留下了许多咏叹。

元代大司农吕思诚在途经梅岭时写道：

西风百里南雄道，
绿树丹枫满意看。

梅岭的古枫也和梅岭的梅花一样，与一般红枫不同。一般的枫树到了秋天总是红叶飘，但梅岭的枫树却依然披茸婆娑，只是叶色由青变黄，再转橙红，变紫，一棵树上五颜六色，构成一幅秋风、红叶、夕阳、霜满天的画图，很是好看。

梅关附近有一个云封寺，又名挂角寺，原寺在关楼南坡六祖庙东对面的一空地上。因为寺内有张九龄、张弼的塑像，以纪念他俩劈岭、修驿道的功绩，所以又叫张公祠或"二张祠"。

关于挂角寺，当地还有一个流传很广的故事：传说古代禅宗派有个叫正一的和尚，想在大余创寺弘法。于是他云游到广东翁源一个财主家化缘，想讨些银钱，不料那个财主很啬吝，不但未施舍银钱，还对正一和尚说："我这里有新建的房子100间，如果你能把它们搬走，我就把它们全奉献给佛祖。"

正一和尚很无奈，只好返回江西，途中碰见了吕洞宾。

吕洞宾见正一垂头丧气而来，便主动问正一说："你为何愁眉不展呢？"

正一如实奉告。吕洞宾听后，就带着正一又回到了地主家。

那财主见了他们两人，大笑着说："不是我不肯施舍，只要你们能连基搬去，就算我的施舍。"

吕洞宾这时追问："不是戏言吧？"

财主哪里知道神仙的功力，立即回答："决不悔言。"

于是吕洞宾就开始作法，把这100间房屋用一根木棍挑起，使它们腾空飞去。当这100间房屋将要飞越梅岭关口时，恰好被另一个和尚看见了，就对吕洞宾说："请留一间房屋给我，让我在这里修行吧！"

因此，吕洞宾便敲下一间放在南坡空坪上，成了挂角寺。其余99间就放在丫山，成为了灵岩寺。

洗药湖位于梅岭主峰的罗汉岭上，占地10余亩。当地有一个传说是，著有《本草纲目》的明朝大医学家李时珍曾带领弟子来这里采药、洗药，所以这里叫洗药湖。

■梅花景观

另外一个说法是，八仙之一的铁拐李在这里洗过脚，所以当地人又叫洗药湖为"洗脚坞"。

洗药湖所在的罗汉岭是梅岭

的最高峰，海拔841.4米，雄踞于赣抚平原上。

站在罗汉岭上可一览远近的峰峦、林海、田野、河流、和村庄，穷千里之目。

朝观东方云海日出，暮瞰洪城万家灯火，春赏十里火红杜鹃，夏纳百丈仙台凉风，秋品千峰野果琼浆，冬揽万山玉树银花，是一大乐事。

元朝末年，诗人符尚仁，携家来罗汉岭避兵祸，赋诗抒情写景，诗中有"云连海岱千山雨，风撼云松万壑雷"之句，就描写了暮春时罗汉岭的山头景色。

罗汉岭上有洗药湖、熨斗湖、碓口湖、柳树湖、东湖、长湖、蒿笋湖、和尚湖等48个湖，分布岭上多处小峰之下，湖随峰转，一湖一景。岭上原有罗汉坛，祀灵官尊者。

罗汉岭还有三奇，一奇是不合一般气象的规律；二奇是有时游人会看到佛光现象；三奇是春秋气温和山下相关不大。云海日出、佛光、雾凇、雨凇，是罗汉岭的奇特景观。

阅读链接

当年，朱元璋为避开敌军，曾在梅岭作短时休整。梅岭的百姓见朱元璋所率的军队虽然是溃败之军，但是依然军纪严明，对百姓毫无侵扰，因此纷纷捐钱捐物犒劳他们。

后来，朱元璋登上帝位后，回想起梅岭百姓当年对自己的帮助，特地恩准平陵侯回家乡梅岭重修张氏宗祠，准以王家标准建造。

这就是后来流传的"朱地张祠"之说，也是梅岭宗祠被称为"江南第一祠"的缘故。

古关附近有趣的民间故事

古时在梅关附近的珠玑巷北，有一个名叫"老酒坑"的地方。

相传，这里古时是一个村子，村旁就是驿道。有一对姓江的老夫妻，在驿道旁摆了一片茶寮卖茶，收入只是勉强可以糊口，日子过得很艰难。

有一天，一位鹤发童颜的仙翁云游到这里，见老两口为过往客人

■梅岭古村

烧水端茶忙个不停，很怜悯他俩，便用锡杖在一泓清泉中点了一点，泉水立即变成了又醇又香的美酒。

香醇的美酒吸引来了更多的过路人，老夫妻的茶寮每天从早到晚顾客盈门，生意兴隆，日子越过越美满。

不久，珠玑巷--带发生了一场很严重的瘟疫。有的病人在老酒坑饮了江老汉的酒之后，居然病也除了，瘟疫也消了。

消息传开后，来找老两口买酒除瘟的人越来越多，江老汉的茶酒生意越来越好，不久，老两口就成了富翁。

隔了几年，这位仙翁又云游到这里，问老头子日子过得怎样。江老汉说："酒太好卖了，我俩生活过得也很宽裕，可惜只有酒，没有糟。我想有酒又有糟，这样能养出更多的大肥猪，我就满足了。"

仙翁听了江老汉的话，叹息道："别人都说天高不可及，可哪里知道人心更是难以满足！我平白帮你把普通的泉水化为美酒，你却还在嫌弃没有酒糟。真是人心不足蛇吞象啊。"

于是，仙翁又用锡杖向泉水点了点，扬长而去。而那些美酒也就变成了酸酸的醋。从此，这个地方就叫作了"老醋坑"。

在梅关古驿道的半山腰路旁边，坐落着一座状元祖坟。坟上面用了些土堆了个小土包，前面横放了一块长方条石块，石块上方分了块平地，横着写了"状元祖坟"四个红字。

据民间传说，此坟的主人，当年在梅岭路上有段十分有趣的佳话：

在梅岭一个梅花盛开的季节，弯弯曲曲的梅林古道上，行人不断。

中午时分，大部分行人都在山脚下的阴凉处歇脚，偶尔有人为赶时间在山路上走动。

这时在梅岭古道的半山腰上，有位少妇背着已满周岁的孩子，满脸是汗地从走在山上。和她一起同行的，是一个陌生的挑着箩筐货的壮年汉子。

后来，由于路途劳累，同行的这位男子在半山腰

状元 古代科举考试以名列第一者为"元"，乡试第一称解元，会试第一称会元，殿试第一的就是状元。因历朝历代多以文学及哲理为取才的标准，虽然状元中不乏政治家、史学家，但仍以文学家为多。

■梅花景观

路旁休息的时候突然奇怪地沉睡不醒了。

少妇自知出了人命，可又没有办法，只有壮起胆子，拆了树枝把壮汉的尸体掩盖好，背着小孩又返回娘家。

这位少妇心地善良，不想让那位过路人再暴尸荒野，就让自己家人派人去埋葬他。

家里及时派了人赶到半山腰，四处没找到尸体。却只见在原来那个男人休息的地方，有一新的蚂蚁窝，边上放着一担箩筐，箩筐上写有江西某地字样。

众人这才知道这人是江西人，他的尸体早就被山间蚂蚁衍土给埋了。为了日后有个标记，他们在路边挖起一块铺路的石条，横放在蚂蚁窝头上，就下山回家了。

风水师 是具备风水知识，受人委托断定风水好坏，必要时并予以修改的一种职业。通常风水师也兼具卜卦、看相等技艺，由于风水先生要利用阴阳学说来解释，并且人们认为他们是与阴阳界打交道的人，所以又称这种人为阴阳先生。

后来，这个戴家的少妇生出了一个儿子。这孩子天性聪明，考中了状元。

在古代，考中状元是光宗耀祖的大事，每当有中状元的人，皇帝都会派出风水师审查当地的风水。

就在戴家张灯结彩，庆祝高中状元之时，深谙风水术的国师受皇帝之托来到了戴家，查来查去，却发现戴家所处的地方都是些平庸的风水，理应出不了状元，因此决定向皇帝禀报，撤回戴家儿子的状元之位并治罪。

正在戴家上下惊慌得不知如何是好的时候，状元的母亲更是又惊又怕，在无计可施时，这位少妇猛然回想起当年那位壮汉下葬的地方。

她马上告诉国师说："在我的孩子出生之前，

■梅花景观

我曾把一个路人葬在南安和南雄交界的梅岭半山腰上，麻烦国师去细查。"

这位国师是个有道有德的忠臣，也吝惜戴家儿子戴衡亨的才华，于是乘轿随众人来到古驿道，到了大余梅岭，从山上慢慢往下，来到了壮汉埋葬的位置。国师举目一看，拍手连声叫好！

因为，从山上往下望去，见远处路上的行人不绝，沿着弯弯曲曲的古道行走着，天天数以千计的人如蚂蚁牵线向山上涌来，行人挑着沉重的担子，一步一步向山上走来，又如童子拜佛，有"日受千人拜"的气势。

国师再望向南安，就能把城内房屋尽收眼底，如果是在夜间，一定会有万盏灯火的壮观。

国师赞叹说："这里真是个日受千人拜、夜受万盏灯的绝妙佳穴啊！好地方……好地方！"

国师回朝后奏明了天子，龙颜大悦。此时国家正是用人之际，赐新科状元戴衡亨进士及第，受命在授翰林院修撰。

戴衡亨不辱君命，在朝为官时口碑甚佳，成为了一名好官。

阅读链接

在梅关附近的东山上建造有一所南安军学学堂，后改为"周程书院"。相传是北宋著名的哲学家、文学家周敦颐所建。他的学说也在梅关一带得到弘扬。

相传有一天，周敦颐正在睡觉，梦见一身着道服、鹤发童颜的仙翁飘到他的面前，并对他说："且往梅岭那里，去成就你的大业吧！"

第二天，周敦颐独自一人来到梅关所在的梅岭，潜心研究儒家学说。

后来，周敦颐为了弘扬自己的学说，就在梅关附近修建了"周程书院"，满足南安军1000儒的愿望。